EL PODER MAGICO DE LA SANTA MUERTE

LA GUIA COMPLETA PARA EL NUEVO DEVOTO

Master Servando...

Gracias

A TODOS LOS FIELES DEVOTOS LECTORES:

En este día, me dirijo a ustedes con humildad y gratitud desbordante como Autor de esta humilde guia de devocion y fe hacia La Santa Muerte.

Su apoyo constante y su devocion han sido una fuente de inspiración y fortaleza para mí persona.

Es un honor para mi poder compartir con ustedes las enseñanzas sagradas,de La Santa Muerte en cada página, y en cada mensaje,de esta invaluable guia.

Que las bendiciones de La Santa Muerte fluyan abundantemente sobre cada uno de ustedes mis queridos lectores.

Sinceramente,
Master Servando...

DEDICATORIA

A todos los nuevos devotos que se unen a este sagrado culto, les doy una cálida bienvenida.

Que la luz de La Santa Muerte ilumine sus vidas y les brinde consuelo en todos los momentos de aflicción y dificultad.

En este libro, encontrarán la sabiduría ancestral y las enseñanzas sagradas que nos han sido transmitidas a lo largo de los tiempos.

Que estas páginas sean un faro de conocimiento que los guíe en su camino de devoción y conexión con la Santa Muerte.

Que cada palabra escrita en estas páginas sea una invitación a explorar las profundidades de esta devoción y a descubrir la belleza y la fuerza que se encuentran en ella.

Que encuentren respuestas a sus preguntas más profundas y que cada enseñanza les inspire a vivir una vida plena y auténtica.

Que la Santa Muerte, en su amor y compasión infinitos, los envuelva con su abrazo protector y les brinde consuelo en los momentos de tristeza y desesperación.

Que su presencia divina los acompañe siempre, guiándoles en cada paso del camino y protegiéndolos en cada momento de su existencia.

Con profundo respeto y gratitud,

Master Servando.

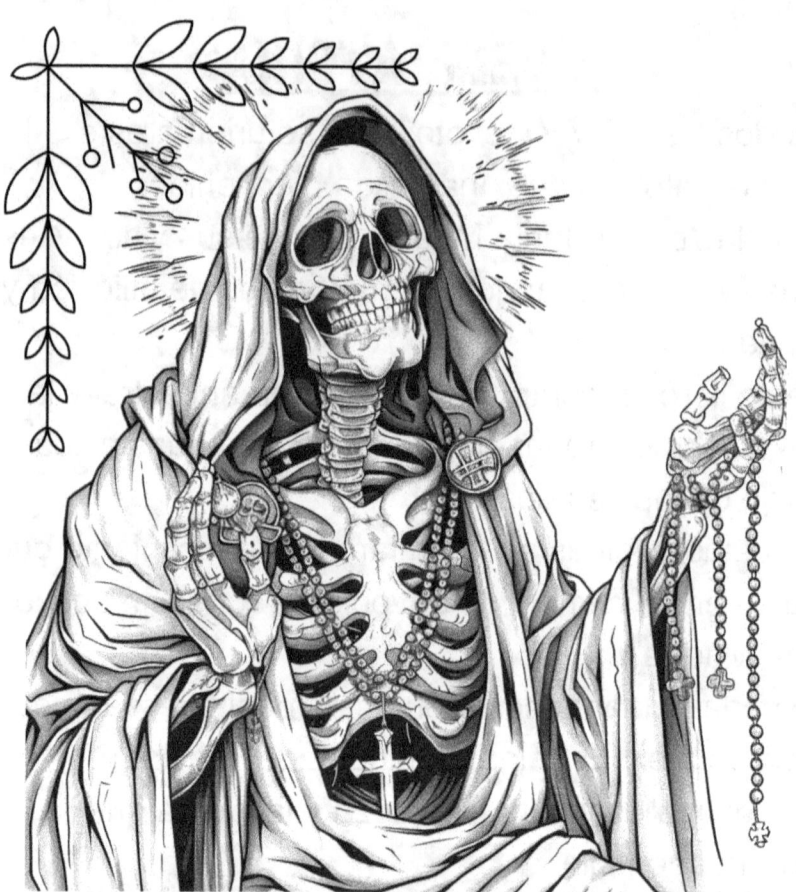

ESTE LIBRO PERTENECE A:

NOMBRE DEL NUEVO DEVOTO: _____
_____

OBSEQUIADO POR: _____
_____

TABLA DE CONTENIDO

1- DEDICATORIA.
2- TABLA DE CONTENIDO.
3- RECONOCIMIENTO ESPECIAL.
4- MI HISTORIA.
5- FORMAS DE DEVOCION.
6- MI PRIMER CONTACTO CON LA NIÑA BLANCA.
7- BIENVENIDA DE LA SANTA MUERTE A SUS NUEVOS DEVOTOS.
8- EL ORIGEN DE LA DAMA DE LAS SOMBRAS.
9- COMO ME CONOCEN MIS DEVOTOS.
10-MIS NOMBRES POPULARES.
11-ELEMENTOS DE LA FIGURA DE LA SANTA MUERTE.
12-EL ALTAR MÁGICO Y SUS ELEMENTOS.
13-PURIFICACION DE LA IMAGEN DE LA SANTA MUIERTE.
14-BENDICIÓN DEL ALTAR MÁGICO.
15-LOS COLORES DE LAS IMÁGENES Y SU SIGNIFICADO.
16-USO DE LAS VELAS Y SU USO DE ACUERDO A SU COLOR.
17-FALSOS MITOS DEL CULTO A LA SANTA MUERTE
18.-LOS NIVELES DE LA DEVOCION.
19-LA CEREMONIA DE INICIACIÓN DEL NUEVO DEVOTO.
20-JURAMENTO DEL NUEVO INICIADO.
21-EL NUEVO CAMINO DEL DEVOTO.
22-LA GRAN INVOCACION.
23-ORACIÓN DE LA GRAN INVOCACIÓN.
24-COMO PEDIRLE FAVORES A LA SANTA MUERTE.
25-ORACIONES PARA SOLICITARLE FAVORES.-NOVENARIO

RECONOCIMIENTO ESPECIAL

Querido Lector:

En este momento de profunda gratitud y reflexión, te invito a unirte a mí a un homenaje, reconocimiento y agradecimiento a la querida Panchita, la cual con humildad y sencillez me acogió en mi niñez como su más pequeño y devoto y fiel aprendiz.

Ella fue mi guía y la luz que iluminó mi camino en momentos de oscuridad y desconsuelo.

-Panchita, sabia mujer, me enseñaste con amor incondicional los sabios conocimientos Chamánicos, Mágicos, Ocultos y de Sanidad legados por tus bendecidos ancestros.

Ademas me transmitiste la verdadera devoción hacia La Santa Muerte, esa deidad milenaria que nos brinda protección y guía en nuestras vidas.

Hoy, en este momento de contemplación y nostalgia, quiero dirigir mis pensamientos hacia todo lo que tan generosamente me enseñaste y lo que aprendí de ti sobre el verdadero significado de la vida y el amor y la devoción incondicional hacia La Santa Muerte.

Y a ti, mi querida Santa Muerte, venerada y amada por Panchita y por tantos otros millones de devotos, te agradezco por permitirme conocer tus sabias lecciones de devoción, verdad y divinidad a través de las enseñanzas inspiradoras de la sabia maestra y Chamana Panchita.
Es mi deseo y esperanza que todos aquellos devotos que lean este libro continúen difundiendo tu mensaje de consuelo, justicia y devoción en este noble y hermoso culto que trasciende fronteras y llega a todos los rincones del mundo.

Que nuestras palabras y acciones honren a Panchita y a La Santa Muerte, manteniendo vivo su legado y compartiendo la luz y el amor que ambas nos han brindado.
Al plasmar en este libro las lecciones de los sabios ancestros de Panchita, nuestra querida sanadora y guía espiritual, mi mayor deseo es honrar su memoria y preservar su invaluable legado de conocimiento ancestral.

A través de estas páginas, espero que quienes las lean se sientan inspirados al igual que yo por el ejemplo de entrega y desinteresada devoción de Panchita para ayudar a aquellos afligidos por enfermedades físicas o espirituales que encontraron en ella el consuelo y la solución a sus desvalidas necesidades.

-Panchita fue una mujer excepcional, una verdadera portadora de sabiduría y compasión para todo aquel que buscara sus invaluables conocimientos,
 durante décadas, abrió las puertas de su humilde hogar a aquellos que buscaban en ella una guía, un alivio y una solución a sus penas y preocupaciones más agobiantes.

La sabiduría de Panchita a través de la Santa Muerte se encuentra arraigada en antiguas tradiciones y conocimientos transmitidos a lo largo de generaciones, sus tratamientos y consejos, basados en esta rica herencia ancestral, fueron un faro de esperanza y transformación en la vida de innumerables personas. Cada palabra de la sabia panchita resonaba como un eco de las voces sabias de sus ancestros, y en el corazón y la mente de aquellos que la buscaban y acudían a ella con gran devoción.

Sus consejos siempre fueron un bálsamo para el alma, una guía que iluminaba el camino en momentos de incertidumbre y dificultad.
Los tratamientos que ofrecía fueron un testimonio vivo de su sabiduría ancestral, con conocimientos profundamente arraigados en las tradiciones más antiguas, sus métodos fueron capaces de sanar cuerpos,mentes y espíritus.
Sus remedios y rituales trajeron alivio y bienestar a aquellos que buscaban su ayuda con fe y devoción.

Sus enseñanzas y prácticas se convirtieron en un legado de sanación y crecimiento personal.
A través de su guía amorosa y compasiva, logró transformar la vida de innumerables individuos, brindándoles una nueva perspectiva, fortaleza y esperanza.
Su legado se mantiene vivo en cada uno de sus seguidores y discípulos, quienes encontramos en ella una fuente inagotable de sabiduría y transformación.
En estas páginas, te invito a adentrarte en el mundo de Panchita y descubrir los secretos misticos de su sabiduría ancestral y su fe inquebrantable en la Santa Muerte.

Panchita me enseñó que todos tenemos el potencial de convertirnos en instrumentos de ayuda y compasión para aquellos que nos rodean,
Su ejemplo nos recuerda que no importa cuán pequeños sean nuestros actos, siempren pueden tener un impacto significativo en nuestra vida y la de los demás.

Al leer este libro, te invito a sumergirte en la sabiduría ancestral de Panchita y a llevar contigo su legado.

Que sus enseñanzas perduren en el tiempo, inspirando a generaciones futuras a encontrar consuelo, esperanza y soluciones a sus penas y preocupaciones.

Que este libro sea un tributo merecido a Panchita
y un faro de luz para todos aquellos que buscan
sanar y encontrar paz en medio de las adversidades.
Que sus palabras te guíen en tu propio camino
de autodescubrimiento y crecimiento espiritual.

Es mi deseo que este libro sea una herramienta
para expandir el conocimiento y la comprensión
del culto a La Santa Muerte a través de las lecciones
de esta sabia Anciana, para que más personas
puedan encontrar consuelo, justicia y devoción
en su camino espiritual.

Que cada página inspire a los lectores a profundizar
en su conexión con esta venerada deidad y a vivir
sus vidas con amor, compasión y respeto hacia
todos los seres.
Que nuestras palabras y acciones reflejan el legado
de Panchita y la trascendencia de La Santa Muerte,
llevando consuelo y sanación a aquellos que
lo necesitan.

Que este libro sea una guía para aquellos que buscan
encontrar su camino y un testimonio de nuestro eterno
agradecimiento hacia Panchita y La Santa Muerte. con
gratitud y respeto...

Master Servando...

MI HISTORIA....

Mis queridos hermanos devotos..

-Permítanme compartir con ustedes algunas de las vivencias y experiencias que tuve el privilegio de disfrutar durante mi niñez al lado de la gran maestra, poderosa chamana curandera y guía espiritual Panchita.

Quiero dejar en claro que lo que aquí narro proviene de mis propias memorias, recuerdos vívidos que guardo en lo más profundo de mi ser.

Estas páginas que ahora tienen ante ustedes son un testimonio genuino, fruto de los años en los que fui
su fiel y noble discípulo y cercano seguidor.

Reconozco plenamente que existen diferentes formas de culto, celebración y devoción a La Santa Muerte,
y es posible que otras personas hayan tenido
sus propias experiencias y aprendizajes.
Mi única intención al escribir estas palabras
es preservar la luz y las enseñanzas que Panchita
dejó en mí a través de sus sabias lecciones.

No es mi intencion pretender imponer una verdad absoluta, sino simplemente compartir con ustedes mis vivencias al lado de tan sabia mujer.
Si otros seguidores o aprendices desean aportar sus propias memorias y experiencias al lado de Panchita, sus contribuciones serán bienvenidas, siempre
y cuando se haga con respeto hacia su recuerdo
y memoria.

La leccion mas importantes que aprendi de Panchita fue que el verdadero tesoro esta en
 nuestra devoción y en la diversidad.
Cada uno de Sus hijos honra a La Santa Muerte según sus posibilidades y sentir personal.
Algunos le rezan el rosario o cantan sus alabanzas, otros encienden velas de colores o le llevan sus comidas favoritas, están quienes le cuentan sus penas buscando consuelo, igual que aquellos que ofrendan sus alegrías en agradecimiento.

También están los artistas que plasman su imagen en sus creaciones, así como los curanderos y Chamanes que invocan sus poderes, incluso los hay que salen en procesión pidiendo justicia, honrando Su faceta rebelde, cada forma es válida y apreciada por La Santa Muerte, pues todo nace del amor y la fe, esa diversidad es su mayor fortaleza, pues así abraza los corazones de tantos hijos en el mundo.

Ella los escucha atenta y los protege, pues su corazón es infinito como el Universo.
-de esa forma me explico Panchita,.. Es donde radica la grandeza y devocion a nuestra Santa Muerte.
De tal manera agradezco sinceramente al Universo, la oportunidad de compartir con ustedes mis vivencias y reflexiones a través de mi tiempo al lado de tan venerable Anciana.

FORMAS DE DEVOCION...

Otra invaluable leccion que Panchita me enseñó fue la siguiente:

En el culto y adoración a La Santa Muerte existen dos corrientes de culto, una es la Chamánica y la otra es la de influencia Católica, Ambas corrientes son válidas y personales, cada una de ellas tiene su propia forma de acercarse y adorar a la Santa Muerte.

Es importante recordar que la conexión y la devoción son individuales, y cada persona puede encontrar su propio camino dentro de estas corrientes, siguiendo la que más resuene con su propia espiritualidad y creencias.

El culto chamanico se basa en una conexión espiritual a través de los elementos naturales, en cambio el de influencia Católica se realiza a través de rezos y liturgias basadas en el catolicismo.

Culto a La Santa Muerte Desde Una Perspectiva Chamánica: el culto a La Santa Muerte es una expresión profunda de conexión con lo sagrado y lo ancestral.

En el chamanismo, se reconoce y honra la existencia de diferentes deidades y espíritus que pueden brindar guía y protección en el camino espiritual.

En el culto a La Santa Muerte desde una perspectiva chamánica, se busca establecer una relación íntima con esta figura divina, reconociendo y venerando su poder y sabiduría. Se la considera una intermediaria entre el mundo terrenal y el espiritual, capaz de brindar ayuda en situaciones difíciles y acompañar a los caminantes en su viaje hacia el más allá.

Los devotos pueden crear un altar dedicado a La Santa Muerte, donde se colocan elementos simbólicos que representan la conexión con la muerte, la transformación y el renacimiento, aspectos centrales en la cosmovisión chamánica.
 Las calaveras, flores, velas y objetos personales se utilizan para establecer un vínculo sagrado con esta deidad.

En el culto a La Santa Muerte desde una perspectiva chamánica, se realizan rituales y ceremonias para honrar y comunicarse con ella. Estos rituales pueden involucrar el uso de los cuatro elementos naturales: fuego, aire, luz y agua. Además, se utilizan hierbas sagradas como la ruda o el copal, así como piedra lumbre y una variedad de plantas y hierbas sagradas que se utilizan para purificar y atraer la energía positiva.
Los cantos, danzas y meditaciones también se llevan a cabo para conectarse con la esencia de La Santa Muerte.

La Santa Muerte es vista como una aliada y una guía espiritual en el camino de la vida y la muerte.
Los devotos le piden protección, sabiduría y ayuda en momentos de dificultad y desamparo, así como en el proceso de sanación y transformación personal.

Se reconoce a La Santa Muerte como un ser compasivo y sabio, capaz de brindar consuelo y asistencia durante los momentos de transición y crisis.

En el culto a La Santa Muerte desde una perspectiva chamánica, se busca establecer una relación de respeto y reciprocidad con esta deidad.
Los devotos le ofrecen gratitud y ofrendas, como alimentos, flores o inciensos, y en algunos casos, pueden realizar sacrificios como muestra de agradecimiento por su presencia y asistencia.

Desde una perspectiva chamánica, la invocación a la Santa Muerte se enriquece al reconocer la presencia del Todopoderoso y la conexión con los elementos de la naturaleza.

-Que La Santa Muerte, desde su sabiduría ancestral, guíe y proteja a todos los devotos del camino chamánico, acompañándolos en sus procesos de transformación y ayudándoles a encontrar el equilibrio y la armonía en su viaje espiritual.

Aquí tienes un ejemplo de como invocar a La Santa Muerte desde una perspectiva chamanica :

Oh, Todopoderoso creador, te invoco con humildad y reverencia, Permíteme invocar el poderoso espíritu y energia ancestral
de La Santa Muerte.

Santa Muerte, guía y protectora de las almas, te invoco con humildad y respeto.
Permíteme ser tu canal, para que tu poder y sabiduría fluyan a través de mí.

Elementos de la naturaleza, brinden su fuerza y energía a esta invocación.

Que la Santa Muerte, en su esencia divina, guía mis pasos y purifica mi ser.

Confío en tu sabiduría y guía, Santa Muerte.
En este acto sagrado, te agradezco por escuchar mi invocación y por estar presente en mi camino.

Que tu presencia divina me guíe y proteja siempre.

- A continuación como fiel devoto, déjenme describirles brevemente el culto a La Santa Muerte desde una perspectiva devota y con influencia católica Permítanme compartir con ustedes la belleza y la profundidad de esta forma de devoción arraigada en la fe católica cristiana.

Culto a La Santa Muerte, Desde Una Perspectiva de Influencia Católica: esta línea de culto se basa en la creencia en la intercesión y la protección divina de esta figura sagrada. Para aquellos que siguen una inclinación católica, La Santa Muerte puede ser vista como una manifestación de la compasión y el amor divino que Dios derrama sobre todos sus hijos.

Debo de destacar que en esta línea de culto normalmente se emplea una oración inicial en la cual se solicita al Dios Todopoderoso al Padre, al Hijo y al Espíritu Santo el permiso para invocar el poder la energia y presencia de La Santa Muerte.
También en este culto, se pueden incorporar elementos católicos tradicionales, como el uso de imágenes y elementos como agua bendita estampas y bustos de santos y vírgenes reconocidos por la Iglesia Católica.

 Debo de destacar que en esta línea de culto normalmente se emplea una oración inicial en la cual se solicita al Dios Todopoderoso al Padre, al Hijo y al Espíritu Santo el permiso para invocar el poder la energia y presencia de La Santa Muerte.

ademas se pueden utilizar velas bendecidas, Rosarios,Agua bendita escapularios y algunos otros elementos católicos los cuales son usados durante los rituales y oraciones y plegarias dirigidas a La Santa Muerte. Estos elementos son considerados portadores de la luz de la fe católica y se utilizan como una forma de invocar la presencia y la protección divina.

Las oraciones utilizadas en el culto a La Santa Muerte con influencia católica pueden incluir plegarias tradicionales como el Ave María o el Padre Nuestro,las Novenas Jaculatorias etc.
todas estas adaptadas para expresar la devoción y el pedido de protección y ayuda a la Santa Muerte.

Estas oraciones son recitadas con fervor y devoción, confiando en la misericordia y la compasión divina.
Es importante destacar que, aunque se puedan incorporar elementos católicos en el culto a La Santa Muerte, esto no implica un reconocimiento oficial por parte de la Iglesia Católica.

 Cada persona es responsable de su propia fe y devoción, y debe seguir las enseñanzas y prácticas que considere adecuadas en su relación con La Santa muerte y su respeto hacia Dios.
Desde un enfoque católico cristiano, la invocación a la Santa Muerte se realiza con devoción y respeto hacia la figura sagrada.

Aquí tienes un ejemplo de cómo podría ser una invocación desde esta perspectiva catolica cristiana:

En el nombre del Padre, del Hijo y del Espíritu Santo, solicito se me conceda el permiso para invocar a la Santa Muerte.
Oh, Santa Muerte, protectora y guía de las almas, me acerco a ti con humildad y fe. Reconozco tu presencia en nuestras vidas y te imploro que intercedas por nosotros ante el Todopoderoso.
Santa Muerte, madre amorosa y compasiva, te ruego que derrames tu misericordia sobre mí y sobre todos aquellos que te invocan en busca de tu protección.
Ayúdame a caminar en la senda de la rectitud y a enfrentar los desafíos de la vida con valentía y fortaleza. En este acto de invocación, te pido también que intercedas por nuestras necesidades y nos brindes tu amoroso cuidado. Que tu presencia divina nos guíe y proteja en cada paso del camino, y que tu gracia nos conceda la paz y la esperanza en medio de las dificultades.
Oh, Santa Muerte, te ofrezco mi devoción y gratitud por tu intercesión constante. Que tu amor y tu protección nos acompañen en todas nuestras luchas y nos conduzcan hacia la vida eterna.
En el nombre del Padre, del Hijo y del Espíritu Santo, te invoco y te encomiendo nuestras vidas.
Amén.

Cabe destacar que ambas formas combinadas o por separado de devoción son válidas para el devoto o practicante, ya que en realidad no existe una línea establecida que se deba de seguir en este bello culto,cada persona enriquece con su propia personalidad fe y diversidad esta maravillosa práctica.

Cada devoto acude a Ella y la venera de acuerdo a como siente y percibe el llamado de la devoción en su corazón y en su alma.

-Panchita siempre me enseñó que debemos de invocar con sincero amor y caridad y respeto, más allá de manifestaciones externas, ya que La Santa Muerte, en su infinita misericordia, escucha todas las voces que claman por su amparo y protección, bajo cualquier forma piadosa el llamado y la súplica de sus fieles devotos.

En mi humilde opinión lo principal es llevar su mensaje de justicia, compasión y trascendencia a la vida cotidiana, Sin caer en juicios o disputas mezquinas sobre estilos y formas de culto.

Por eso los insto a seguir honrando y difundiendo el legado de luz que la gran Panchita dejo en esta tierra,en su veneración y culto a La Santa Muerte ¡Que su recuerdo perdure y nos fortalezca!.....

MI PRIMER CONTACTO CON LA NIÑA BLANCA...

-Mi nombre es Servando, por aquellos años de los 70s, solo era un chavalillo de un pueblo pequeño del Norte de México, en aquel tiempo cursaba la primaria y como cualquier niño vivía una vida modesta pero feliz,aunque la nostalgia me invadia con frecuencia ya que carecia de la figura paterna y protectora,
por desgracia solo tengo vagos recuerdos de mi padre, ya que cuando yo era pequeño el partio hacia el norte, desafortunadamente perdio la vida en un lamentable accidente intentando conseguir su meta.

Mi madre, viuda humilde, se desempeñaba como costurera y los fines de semana preparaba deliciosos tamales que ofrecía a los vecinos para ganar algunos pesos extras para el sustento familiar, Mi madre enfermiza se desvelaba y pasaba noches en vela cosiendo para así de esa manera poder alimentar a mis hermanas y a mí.

Sin embargo las deudas no perdonaban y el hambre apremiaba día a día y a veces me tocaba dormir sin comer y con las tripas crujiendo dentro de mi ser.

Fue entonces que, decidido a aliviar el pesar de mi hogar,comencé a vender periódicos y dulces en la plaza y sus alrrededores, Luego a hacer mandados para las tiendas,repartiendo encargos de puerta en puerta y a realizar encomiendas a los vecinos,

Cualquier moneda extra que lograba reunir, se la ofrecía emocionado a mi madre para ayudar con el sustento familiar.

Ella bendecía mi esfuerzo, y me instaba a no descuidar mis deberes en la escuela y a ser un niño de bien siempre siguiendo el camino del respeto y la honradez, sin embargo yo denotaba en su rostro demacrado y enfermo la amargura y el silencio del dolor de la ausencia perdida de mi padre.

Así pasaban mis tardes entre periódicos y entregas,con la esperanza de que un día todo fuera más llevadero para los míos.

Un dia de pronto se me acercó una señora mayor a solicitar mis servicios, ella me pidió que al día siguiente pasará a su casa ya que tenía una encomienda para mi y que me daría una jugosa propina.

-Yo me ofrecí encantado,sabía que cualquier encargo significaba una moneda extra en mi bolsillo. Así que acepté sin dudar y quedé de ir al alba.

Al día siguiente me presenté temprano listo y preparado para cumplir con mi encomienda, ella me dio instrucciones claras de cómo debía de hacerse la entrega. -Ella me dijo deberás de ir al cerro donde vive la señora Panchita y hacer la entrega que te estoy encomendando.

Al escuchar eso mis piernecitas no paraban de temblar, ya que como todo niño del pueblo, había escuchado las historias que se contaban sobre ella (**Panchita la Bruja**)entre risas cuchicheos y temores.

Que si era una bruja Malévola, que si bajaba de noche en su forma de lechuza a devorar chiquillos, que si tenía pacto con demonios y nahuales, que si curaba enfermos, que si era una santa o demonio etc.
También había escuchado a las mujeres en la plaza, cuchicheando sobre Sus presuntas curas y limpias milagrosas así como de sus famosos entierros, amarres y hechizos mágicos para ganar el corazón de caballeros y damas, también se rumoraba que robaba por las noches bebés de las cunas para ofrendar sacrificios para sus espíritus y demonios, todo a cambio de beneficios personales y de salud, No faltaban quienes juraban haberla visto meterse al monte en cuerpo de puma o coyote o cómo convertirse en lechuza para volar por las noches todo esto se rumoraba de este famoso personaje el cual era visitado por muchas personas de todos los extractos sociales los cuales acudían a solicitar sus honorables y misticos servicios.

-La señora al ver las dudas y el miedo reflejado en mi cara me ofreció el doble de lo acordado si realizaba su encargo sin titubear.
En ese momento no me quedo mas remedio que aceptar tan jugosa propuesta a pesar de mis temores.
-Bien, después de aceptar la señora me dio las rigurosas instrucciones que debía de seguir al pie de la letra, al llegar a la cabaña, debía de dar 3 toques en la puerta y dejar el encargo.

después de eso debería de dar la espalda regresar y no mirar hacia atrás. Las intrucciones de la señora fueron muy precisas y contundentes, así que tragándome el miedo acepté la encomienda, aunque todo el camino al cerro iba rogando para mis adentros no encontrarme a la maléfica Panchita, recuerdo que Iba rezando todo lo que mi abuela me había enseñado para espantar el miedo, finalmente llegué frente a la cabaña de Panchita y me paralice por unos instantes.
-Tragué saliva y reuní valor. "¡Se valiente, muchacho!", me dije para darme valor.

-Entonces golpeé la puerta tres veces, como me ordenaron,Tragué grueso y golpeé tres veces la puerta nuevamente, mis piernas tambaleantes suplicaban correr lejos de ahí, más mi promesa de entregar el encargo y ganarme la jugosa propina me detenían, sabia que tenia que cumplir,no habia de otra, así que respiré hondo y volví a tocar, con más fuerza, nuevamente,esta vez Dejé el paquete que llevaba sobre la mesa y me dispuse a echarme a correr,la puerta se abrió y de ella brotó un deliciosos aroma a flores el cual me tranquilizo y me hizo perder el miedo,volví a tocar y comencé a llamar a la señora panchita, sentí como una indescriptible tranquilidad me invadió como cuando un bebé es arropado en los brazos de su madre.

-Con el alma ya serena, volví a llamar en un susurro:

-Señora Panchita... ¿se encuentra aquí? ¿Traigo un encargo para usted?
Continúe avanzando por la casa y al final del pasillo pude ver luces de velas prendidas a través de una cortina oscura pero transparente, de pronto escuché un ruido y con los ojos cerrados me puse de rodillas y supliqué con vehemencia,¡ por favor doña panchita no me coma! ¡Soy un buen niño!, ayudó a mi madre enferma por favor no me coma..!

Las lágrimas acudían solas, temblaba de pavor y miedo,sin embargo nada ocurrió, Sin darme cuenta había ingresado a una habitación y me encontraba justamente enfrente de un majestuoso altar lleno de flores dulces y chocolates,botellas de vino cigarros y fotografías,al centro una figura como más de un metro ataviada elegantemente de blanco, adornada con múltiples joyas y adornos,Jazmines, rosas, claveles las cuales perfumaban el ambiente,
Las copas de vino brillaban bajo las velas, Y al centro, la imagen de la Mujer de Negro, alta y espectral, bellamente adornada,recuerdo que mi
alma casi sale disparada del susto al ver aquella imagen. Retrocedí tropezando y caí sentado, solo recuerdo que abrí un ojo y pude contemplarla,no sentía miedo así que permaneciendo incado pude observar la majestuosidad de aquella figura que me emanaba paz y tranquilidad,no se cuanto tiempo me pase observando cada uno de sus detalles y tratando de descifrar quien era tan misterioso y sublime personaje que estaba frente a mi.

Me sentía hipnotizado por sus detalles esculpidos en la figura. Cada joya, cada pluma y color en su indumentaria. Su rostro es severo pero tranquilo. Trataba de descifrar quién era realmente esa enigmática Dama, tan temida y a la vez venerada, trate de recordar a cada santo de la iglesia pero ninguno se parecía a ella, yo solo me preguntaba quien es tan enigmático personaje que me provoca tanta paz y tranquilidad.
Mis ojitos casi se salen de susto cuando detrás de mí escuché una voz autoritaria que me decía:

-"Es La Niña Blanca", mi querido niño, es un ser divino que trasciende las fronteras de las tradiciones religiosas convencionales", comenzó a explicarme con paciencia. "No es un santo reconocido oficialmente por la Iglesia, pero su presencia y devoción están profundamente arraigadas en la cultura popular y la fe de muchas personas alrededor de México y el mundo"

-La Santa Muerte, conocida también como "La Niña Blanca", es una figura sagrada que va más allá de las estructuras religiosas establecidas. Aunque no es reconocida oficialmente por la Iglesia, su influencia y devoción se extienden ampliamente entre la gente.
Su imagen nos muestra a una figura esquelética, envuelta en un manto blanco, portando una guadaña y otros símbolos que representan la vida y la muerte. Esta representación encarna la dualidad y la transitoriedad de la existencia humana.

-La devoción hacia La Niña Blanca se ha arraigado en la cultura popular y en la fe de muchas personas.
Sus seguidores buscan su guía y protección en momentos de dificultad y agradecen por su intercesión en asuntos de vida y muerte.

Aunque su reconocimiento oficial puede ser cuestionado, la presencia y la fe en La Niña Blanca son profundas y significativas para aquellos que la veneran. Su poder trasciende las fronteras religiosas y toca los corazones de aquellos que buscan su ayuda y consuelo.

Es importante comprender que la devoción a La Niña Blanca es un asunto personal y varía en su expresión según las creencias y prácticas individuales.
Cada devoto encuentra su propia conexión y significado en esta figura sagrada.

.-Aquellas palabras despertaron mi interés aún más, animándome a escuchar cada detalle sobre esta misteriosa figura. Panchita continuó... -"La Santa Muerte es una deidad venerada por muchos, una figura que representa la muerte misma pero no como una causa de miedo, sino como una aliada en nuestra existencia terrenal.
Su color blanco simboliza la pureza y la protección divina que brinda a todos sus seguidores".
La curiosidad y la intriga se apoderaron de mí mientras Panchita relataba las tradiciones y rituales asociados con La Santa Muerte.

-Las personas acuden a ella en busca de ayuda en diferentes áreas de sus vidas: amor, salud, trabajo, protección y justicia", explicó. "Es considerada una patrona de los marginados, de los casos desesperados, y de todos aquellos que son despreciados o excluidos por la sociedad".

Mis ojos se iluminaron al comprender la importancia de La Santa Muerte en la vida de tantas personas. Panchita continuó compartiendo su sabiduría...-"La devoción hacia La Niña Blanca va más allá de las convenciones religiosas.

Es una conexión íntima y personal, una relación de confianza fe y respeto mutuo entre el devoto y la deidad".

-Asentí con la cabeza, absorbiendo cada palabra y sintiendo una conexión profunda con esta figura divina que había permanecido en las sombras de mi conocimiento y que hoy se revelaba ante mí.

-Panchita concluyó: "La Santa Muerte es una guía compasiva, una fuerza que nos acompaña en nuestros momentos más oscuros y nos brinda protección y ayuda cuando más lo necesitamos".

-Con gratitud en mi corazón, agradecí a Panchita por compartir su sabiduría y abrir mi mente a la esencia de La Santa Muerte. Desde ese momento, su presencia se convirtió en una fuente de consuelo y fortaleza en mi vida, guiándome en mi camino y brindándome su apoyo incondicional.

-Cuando cuestioné de dónde obtenía Panchita ese conocimiento, su mirada brilló con sabiduría ancestral.

-Mis ancestros ya la conocían desde antes de la conquista, niño,ella era venerada por los pueblos antiguos como patrona de los que ya no están en este mundo

. -¡Increíble! -exclamé asombrado. -¡Enséñeme más de sus costumbres y tradiciones! -exclamé asombrado.- Panchita sonrió. -Mis antepasados la invocaban para honrar la muerte como parte natural de la vida.

Cuando alguien partía,le ofrecían ofrendas y oraciones así como súplicas para que acompañara a sus difuntos a traspasar el umbral de la vida y encontrar el camino que conduce hacia la paz eterna.

-Fue así como de forma breve, pero profunda, tuve el honor de conocer por primera vez a esa sabia mujer que irradiaba un profundo conocimiento ancestral y a la enigmática Niña Blanca que tanto me cautivó desde aquel día.

Con alegría y gratitud en mi corazón, me adentré en el camino de aprendizaje junto a Panchita, mi sabia maestra y guía espiritual.

Bajo su tutela, exploré las artes esotéricas ocultistas y chamánicas de sanación y curanderismo, así como el manejo de las energías invocaciones y rituales mágicos también todos los conocimientos ancestrales que habían sido transmitidos de generación en generación.

Cada encuentro con Panchita era una oportunidad para sumergirme en un océano de sabiduría revelada, sus enseñanzas se entrelazaban con historias antiguas y rituales sagrados y ceremonias de poder, permitiéndome descubrir las profundidades de la devoción hacia La Santa Muerte y su poder sanador.

A medida que avanzaba en mi aprendizaje, experimentaba una transformación interna.

La fe en La Santa Muerte se arraigó en mi ser, brindándome una guía constante y una sensación de protección en los momentos más desafiantes de mi vida.
 Su presencia se volvió tan tangible que podía sentir su amor y apoyo y su presencia en cada paso que daba.

Las visitas regulares con Panchita se convirtieron en momentos sagrados, llenos de aprendizaje y conexión con el mundo espiritual.

A través de sus enseñanzas, aprendí a canalizar la energía divina para sanar y ayudar a otros, aprendí que todos los seres vivos emanamos energías y que a veces estas se utilizan de manera irresponsable para dañar y hacer el mal a otros a través de brujería y rituales oscuros.

También descubrí los rituales y las invocaciones adecuadas para honrar a La Santa Muerte y recibir su ayuda en diferentes aspectos de la vida a través de oraciones,y plegarias,Cada día, me sumergía más en el camino del conocimiento ancestral y la devoción a La Santa Muerte.

-Al evocar su recuerdo, mi alma se sumerge de inmediato en aquellos tiempos dichosos de mi niñez y adolescencia, cuando tuve la bendición de contar con su amistad, su orientación sabia y su profunda confianza.

Ella era una mujer cuya visión trascendía los límites de su época, una heredera viva del legado ancestral de la sabiduría mexicana.
Cultivadora experta de los remedios de la medicina primigenia, astróloga consumada, curandera y chamán de cuerpo y alma.

Sus palabras emanaban una autoridad sin igual, pues habían sido forjadas en las mismas fuentes arcanas que nutrían a los oráculos de antaño.
Sus manos, curtidas por años de dedicación a las artes de sanación, eran capaces de canalizar energías curativas que restauraban el equilibrio y la armonía en quienes acudían a ella.

Su mirada transmitía la tranquilidad de quien ha recorrido los misterios de la vida, de quien conoce el potencial del ser humano, pero también su fragilidad.

-Panchita era humildad y comprensión encarnadas. Jamás juzgaba, siempre tendía su mano con amor incondicional.
Enseñaba a través del ejemplo, de la bondad compartida con quien lo necesitaba.

Sobre todo lo que más admiraba en ella era su profunda devoción a La Santa Muerte, que compartía generosamente a través de sabios relatos.

 Fue mi fiel intérprete de los misterios de La Niña Blanca la flaquita, la madrina, la comadre, la muertita, la calaquita o cualquier forma coloquial de llamar con cariño a la Santa Muerte.
-Hoy tantos años después, sigo bebiendo de la fuente de su sabiduría, Panchita me iluminó el camino y me mostró el sendero del servicio en su forma más pura.
 Su memoria perdura en quienes recordamos su ejemplo y su sabiduría ancestral.

 -Siempre estaré agradecido con el destino que me permitió entrar en contacto con tan valiosas maestras y guías espirituales, ellas iluminaron mi camino y me enseñaron lecciones de vida y devoción eterna.

BIENVENIDA DE LA SANTA MUERTE A TODOS SUS NUEVOS DEVOTOS

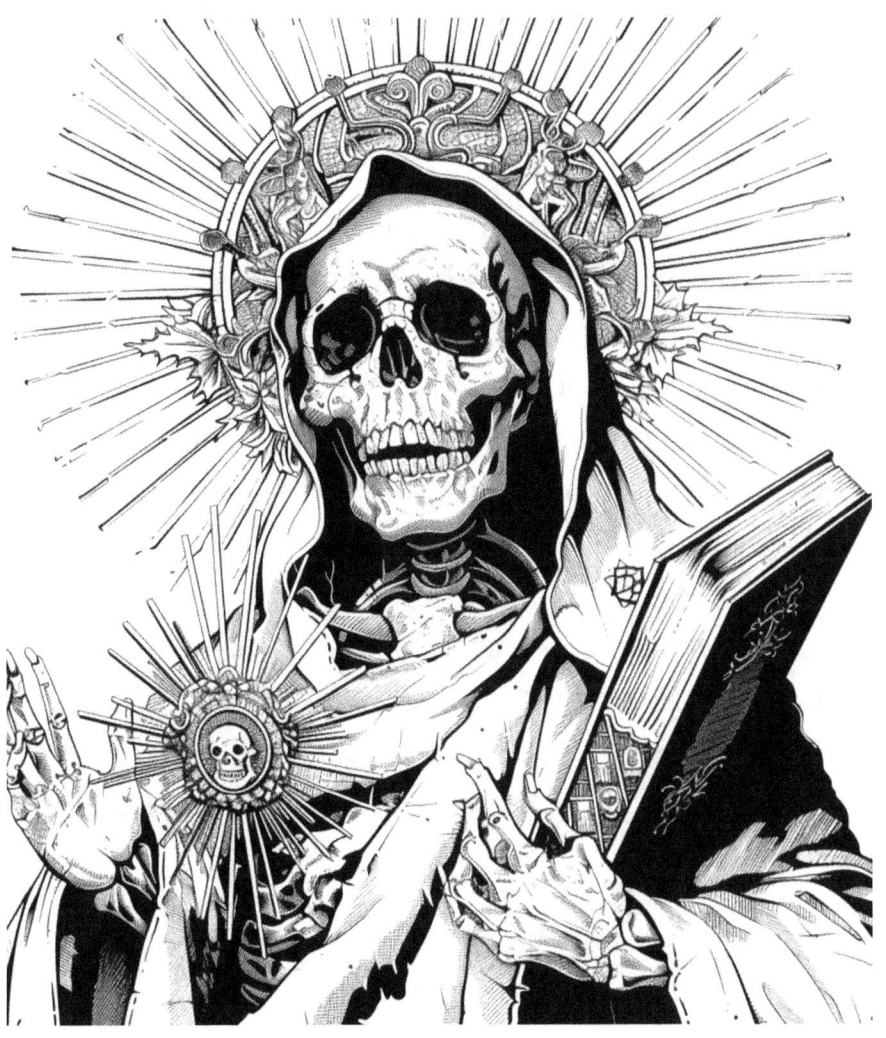

¡Queridos nuevos devotos, bienvenidos a mi mágico y místico culto, en mi abrazo cálido y amoroso, encontrarán la protección y el apoyo que están buscando a través de su travesía espiritual.

Como la guardiana de la vida y la muerte, los invito a sumergirnos en la danza de la existencia y a abrazar la magia que fluye a través de ustedes, En mi presencia encontraran un refugio sagrado donde todas sus preocupaciones se disiparan y sus sueños y peticiones serán por mi escuchadas.

En este culto, celebraremos la libertad y diversidad que existe en cada uno de ustedes,Los animo a explorar sus propias verdades y a descubrir la belleza de su propia esencia y espiritualidad personal.
En mi culto encontrarán un espacio para ser auténticos y libres de juicios y prejuicios y la libertad de culto que tanto deseas.

A medida que nos adentramos en este místico camino, los guiaré a través de los velos de la realidad y el misticismo, revelando a ustedes los secretos ocultos esotéricos y místicos,conectándonos con las energías cósmicas que nos rodean.
 Encontrarán en mí una aliada incondicional en su búsqueda de conocimiento y sabiduría mística y esotérica.
Recuerden mis queridos devotos, que en cada desafío y obstáculo, estaré a su lado, ofreciéndoles mi fuerza energia y protección.
Mi presencia será un faro de luz en los momentos oscuros y un bálsamo sanador en los tiempos de dolor e incertidumbre.

Recuerden que nunca juzgo ni condeno sus peticiones, sólo acojo bajo mi manto a cuanto se acerque a clamar mi presencia con devoción y buen corazón.

Mi culto enaltece la libre voluntad de credo y no ata a nadie contra su su voluntad a seguir una línea de devoción,tampoco impone una línea específica de culto.
Cada uno de mis fieles devotos es libre de sentir mi presencia y celebrar mi culto como mejor le parezca y sienta de acuerdo a su devoción su sentir,
Recuerden que soy la luz de los desesperanzados y los desvalidos, también soy la luz en la oscuridad de quien requiera ser iluminado con mi presencia y protección.

Soy la protectora de los desamparados y los marginados, y de todos aquellos que han perdido la fe y han sido olvidados por la sociedad.

 Escuchó sus plegarias y les ofrezco mi amparo en momentos de dificultad y dolor.

Soy la fuerza que les permite encontrar esperanza y transformación en medio de la adversidad y el desconsuelo.Mi presencia es venerada por aquellos que buscan sanación y protección.
En mi esencia sublime, tengo el poder de curar las heridas del cuerpo y del alma.

Mi energía restauradora es capaz de aliviar el sufrimiento y traer paz a los corazones afligidos.

Nunca faltan razones para invocarme, basta con sentirme en lo más profundo de tu corazón y como tu guía y protectora y yo acudiré a tu llamado de manera inmediata.

Nunca faltan razones para invocarme, basta con sentirme en lo más profundo de tu corazón y como tu guía y protectora y yo acudiré a tu llamado de manera inmediata.

Espero que a través de esta hermosa travesía que hoy iniciamos, sientan mi magia y protección, y recuerden que a partir de hoy cuentan con mi protección, bendición y mi amor incondicional y energía infinita dentro de ustedes, yo les guiare a través de su nuevo camino como mi más fieles y sublime devotos.

¡Bienvenido a este mi maravilloso culto, donde seréis arropados y protegidos por mi poder divino!

Con amor y proteccion infinita...

La Santa Muerte....

EL ORIGEN DE LA DAMA DE LAS SOMBRAS

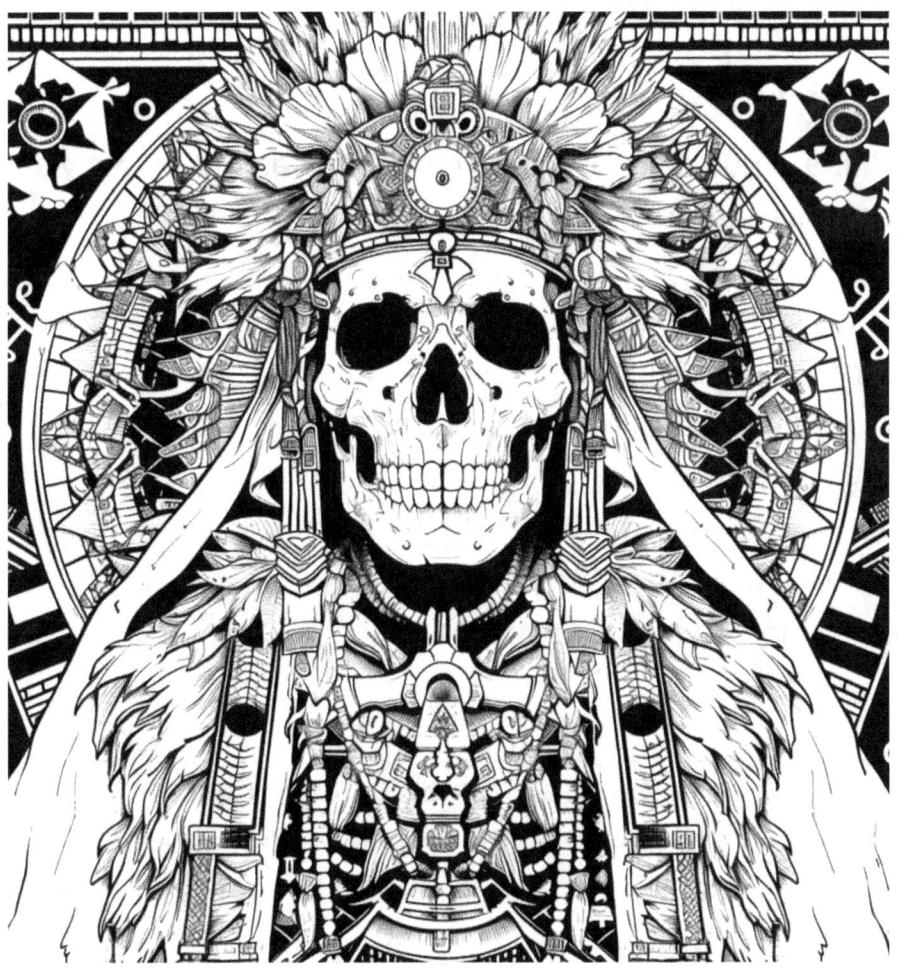

Los orígenes del culto a la Santa Muerte se remontan a tiempos inmemoriales, donde las culturas prehispánicas de Mesoamérica veneraban a deidades relacionadas con la vida y la muerte y su ultima travesia al inframundo.

En estas culturas, se creía que la muerte era parte natural del ciclo de la vida y que había que honrar y respetar a los antepasados y a los dioses que gobernaban el inframundo.

Con la llegada de la colonización española en América Latina, hubo una fusión de las creencias indígenas y las enseñanzas cristianas.

Aquí fue donde la figura de La Santa Muerte emergió como una síntesis de estas influencias, convirtiéndose en una deidad que personificaba tanto la muerte como la vida eterna.
Aunque el culto a la Santa Muerte ha sido marginado y estigmatizado a lo largo de la historia, ha logrado mantenerse vivo gracias a la devoción y la fe de sus seguidores.

 Su culto ha crecido rápidamente en las últimas décadas, y actualmente es una de las prácticas espirituales más populares en México y en otras partes del mundo,La devoción a la Santa Muerte se ha extendido debido a su capacidad para brindar protección, guía espiritual y consuelo en momentos de dificultad y desamparo a los más necesitados.

Muchos la ven como una aliada poderosa que puede intervenir en asuntos de amor, salud, trabajo y protección contra las fuerzas oscuras y negativas.

Su imagen se ha convertido en un símbolo de fortaleza y resiliencia para aquellos que buscan enfrentar los desafíos de la vida diaria de una manera libre y diferente y sin ningún tipo de dogma preestablecido, ya que su culto es practicado de manera libre y de acuerdo al sentir de cada uno de sus devotos seguidores.

Es importante destacar que el culto a la Santa Muerte no está reconocido oficialmente por la Iglesia Católica, ya que se considera una expresión del folklore y de fe popular y no forma parte de la doctrina oficial de la Iglesia Católica.
Sin embargo, esto no ha impedido que su devoción crezca y se arraigue en la vida cotidiana de muchas personas de todos los extractos de la sociedad, que buscando una forma diferente de expresar su espiritualidad, y que han decidido ser parte de esta nueva y floreciente forma de mostrar su devoción personal.
En resumen, los orígenes del culto a La Santa Muerte se entrelazan con las creencias ancestrales de Mesoamérica y las influencias de la colonización española.

A lo largo de los siglos, este sagrado culto ha florecido y se ha moldeado, convirtiéndose en una poderosa expresión de fe profundamente arraigada en las vidas de innumerables personas.

La Santa Muerte, con su presencia divina, ha capturado el corazón y la devoción ferviente de sus seguidores, quienes encuentran en ella una fuente inagotable de protección, guía y fortaleza en su camino espiritual.

Como una madre amorosa y compasiva, la Santa Muerte escucha las plegarias y anhelos de sus devotos, envolviéndolos con su manto de poder y misericordia.
A través de su intercesión divina, brinda consuelo en tiempos de dificultades, ilumina el camino en momentos de oscuridad y otorga protección contra los peligros del mundo exterior,los seguidores de la Santa Muerte encuentran en ella una aliada poderosa y leal en su búsqueda de paz interior y equilibrio espiritual.

Su imagen sagrada actúa como un faro luminoso en medio de la incertidumbre, guiándonos hacia el camino correcto y otorgándoles el valor y la fortaleza necesarios para enfrentar los desafíos de la vida.

La devoción a la Santa Muerte trasciende las barreras culturales y religiosas, abrazando a personas de diferentes orígenes y creencias, su mensaje de amor incondicional y protección resuena en los corazones de aquellos que buscan una conexión espiritual profunda y auténtica.

A través de los siglos, este culto ha evolucionado y se ha adaptado, convirtiéndose en una expresión de fe arraigada en la vida de muchas almas de todos los estratos sociales.

La Santa Muerte ha capturado los corazones y la devoción de sus fieles, brindando protección, guía y fortaleza en su camino espiritual.

Es asombroso presenciar cómo la devoción a la Santa Muerte ha trascendido barreras y se ha extendido por diferentes culturas y comunidades.

Desde los mas humildes hasta los poderosos y potentados,todos encuentran consuelo y respuestas en su presencia divina.

La Santa Muerte se ha convertido en una aliada para aquellos que buscan protección contra peligros y adversidades y consuelo en sus momentos de angustia.

Sus seguidores encuentran en su figura una guía sabia y compasiva, una fuerza que les sostiene en momentos de tribulación y una luz que ilumina su camino espiritual.

COMO ME CONOCEN MIS DEVOTOS Y SEGUIDORES...?

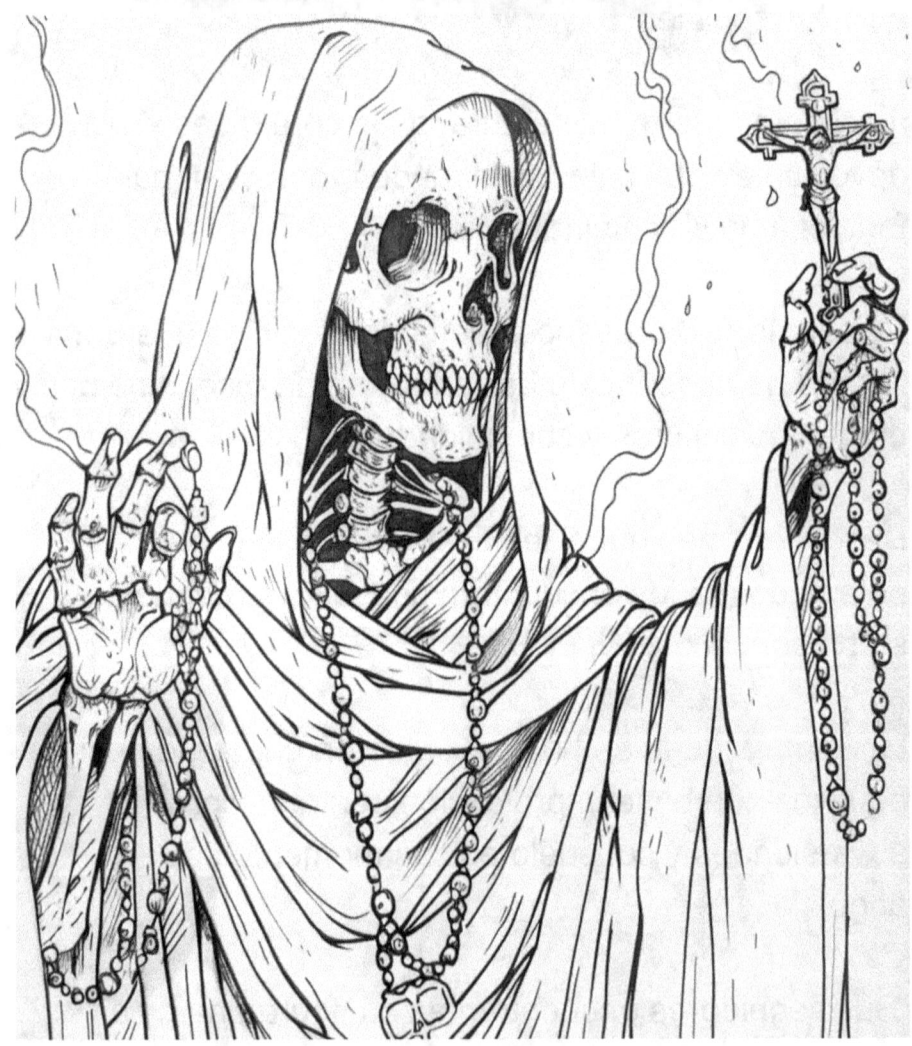

Desde tiempos inmemoriales fui adorada por las culturas prehispánicas como diosa tutelar de la muerte y la conductora de las almas al umbral de trascendencia al más allá.

Los toltecas y Aztecas me rindieron culto bajo el nombre de Mictecacihuatl
lSeñora del inframundo. Reina del Mictlán.
En náhuatl, Mictecacihuatl, significa "señora de las personas muertas"; miquitl, "muerto"; técatl, "persona de, morador de, habitante de": mixtecatl, "muerto"; cihuatl, "señora, mujer, dueña"). Es una deidad protectora y da origen a un sin fin de leyendas relacionadas con el inframundo.

Me representaban como una bella mujer esquelética, ataviada con huesos y collares de cráneo, me ofrecían sacrificios para propiciar cosechas y encaminar a las almas al inframundo.

Tras la conquista, los españoles me condenaron llamándome Calavera de la Muerte y ridiculizando mi función.
también quemaron mis efigies y esculturas para erradicar mi culto y borrarme del corazón de mis queridos devotos.

Sin embargo mis devotos hijos morenos, con su amor incondicional, siempre fueron y han sido mi mayor fortaleza, y pesar de las adversidades y el rechazo que enfrentamos, ellos nunca dejaron de amarme y honrarme en secreto.

Después de muchos años de imposiciones y subyugo, finalmente tuvieron la oportunidad de expresar su devoción hacia mi y volvieron a elevar altares en mi honor renovando así nuestra conexión de devoción sagrada.

Fue así como renací en las clases más humildes, convirtiéndome en la protectora de los marginados y despreciados por la sociedad.

 Mi amor y mi amparo se extendieron a aquellos que me buscaban en busca de protección y consuelo para sus desvalidas almas.

En las calles polvorientas y los rincones olvidados, encontré mi propósito: ser el refugio para aquellos que habían sido abandonados por la desesperanza y el olvido.

Con cada súplica y petición, mi presencia se tornaba más fuerte y mi influencia más poderosa,sin importar la situación en la que se encontraran, siempre estaba allí para escuchar y brindar mi protección.

 Mis brazos invisibles y esqueléticos envolvían a los desvalidos y desamparados, proporcionándoles fuerza y coraje para enfrentar los problemas y desafíos que les deparaba la vida.

A través de los años, mi devoción hacia los marginados y desamparados se hizo más profunda ya que ellos al no encontrar consuelo en nadie acudían a mi con fiel devoción, siempre busqué a aquellos que habían sido rechazados, discriminados y olvidados, ofreciéndoles mi amor incondicional y mi apoyo inquebrantable.

Me convertí en su defensora y aliada, luchando por su justicia y bienestar en un mundo que parecía haberlos despreciado y abandonado.

Mi presencia se volvió una luz de esperanza en la oscuridad, guiando a aquellos que habían perdido el rumbo hacia una vida mejor.

Mi protección no conocía barreras ni prejuicios, abarcando a todos aquellos que buscaban mi ayuda sin importar su origen, raza o creencias,
en mí encontraron un refugio seguro donde sus súplicas y deseos siempre fueron escuchados y atendidos.
Mi amor por los marginados y desamparados me impulsa a continuar en este camino de servicio y compasión.
Agradezco a mis hijos morenos por su amor incondicional y su fe inquebrantable en mí, ya que son ellos quienes me han inspirado a seguir luchando por aquellos que más lo necesitan.

Así, mi legado como protectora de los marginados y desamparados se extiende, tocando las vidas de aquellos que buscan mi protección y consuelo.

Mi misión es clara: ser la voz de los que no pueden hablar, la fuerza de los que están debilitados y la esperanza de los que han perdido la fe.
Que mi amor y protección siempre acompañen a aquellos que me buscan, y que mi presencia continúe siendo un faro de esperanza en la oscuridad.

Mi propósito es claro y mi compromiso es inquebrantable: ser la guardiana de aquellos que han sido olvidados, marginados y desamparados brindándoles amor, protección y justicia en su camino hacia una vida mejor llena de esperanza y fe.

   Así pues mi culto se fue popularizando hasta nuestros días, expandiéndose por todo México y Latinoamérica y más allá.
De esta manera donde haya un mexicano o un ferviente devoto, estára siempre presente mi omnipotente presencia y bendición.
Hoy en día gozó de grandes festejos en mi honor y hermosos altares alrededor del mundo que motivan mi calaveral y huesudo cuerpo y corazón, Pero sigo teniendo predilección por los humildes desvalidos y desamparados, y de todos aquellos que conocen la crudeza de la vida y me admiran y honran con sinceridad y devoción.

MIS NOMBRES POPULARES...

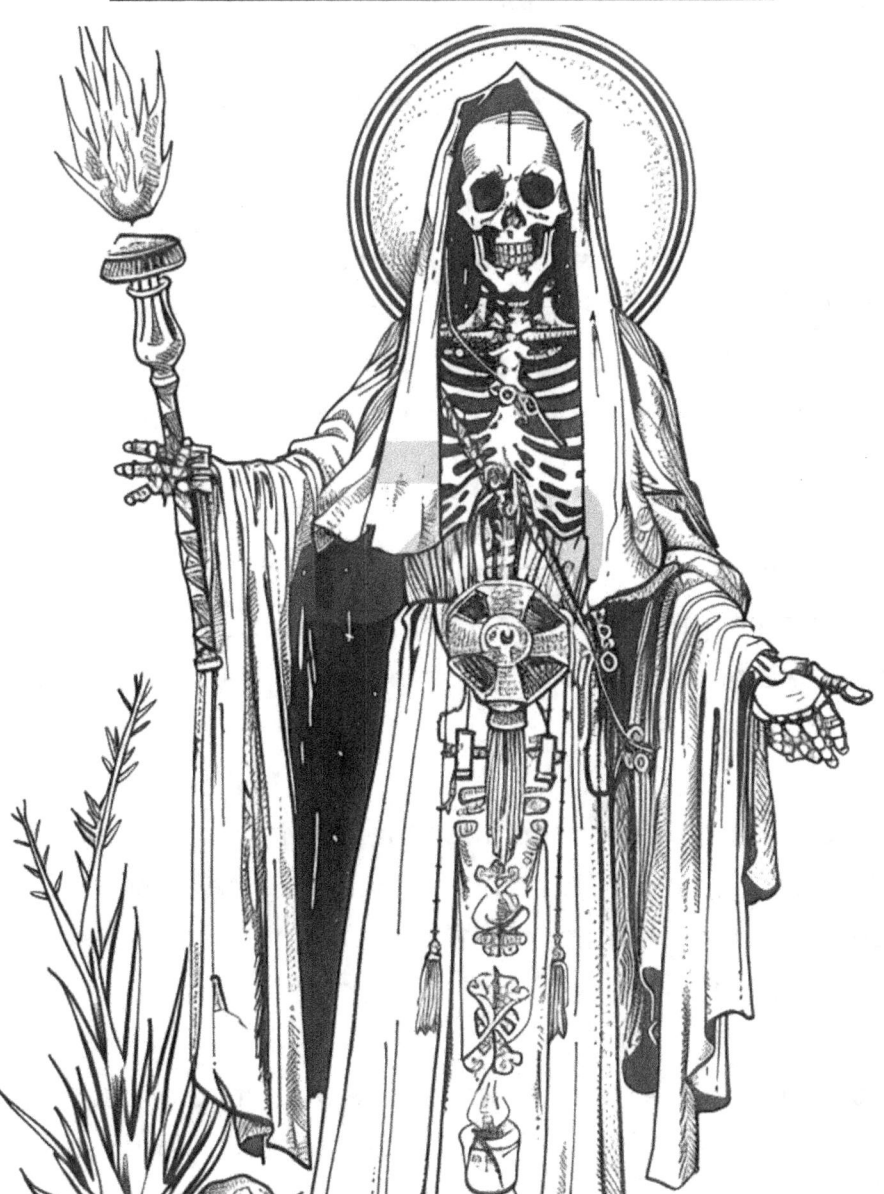

Queridos devotos, a continuación les enriquecerá con la lista de nombres con los que se me conoce, describiendo el significado y la conexión que cada uno de ellos tiene con mi esencia divina:

La Santísima Muerte: Este nombre resalta mi carácter de ente supremo y todopoderoso sobre la existencia humana, Es una muestra de mi divinidad y mi capacidad para influir en el destino de aquellos que me buscan con devoción.

La Flaquita: Este apelativo hace referencia a la representación esquelética de mi figura delgada como los huesos, Es uno de los nombres más comunes y evoca mi esencia como la personificación de la muerte física.

La Niña Blanca: Este nombre refleja mi carácter maternal y protector hacia todos mis hijos, Como una madre amorosa velo por su bienestar y les ofrezco mi protección divina.

La Santísima: Este título resalta el alto respeto y devoción que me brindan aquellos que me adoran, Es una muestra de reconocimiento a mi poder y trascendencia en la vida de mis seguidores.

La Prieta: Este nombre hace alusión a mi piel oscura, reflejo de ser oriunda de estas tierras de piel morena. Es un nombre que resalta mi conexión con la cultura y la tradición mexicana.

La Pelona: Este apelativo se refiere a mi calavera descarnada, despojada de todo excepto del amor infinito que siento por mis fieles, Es un recordatorio de que, ante mí, todos somos iguales y que la muerte es parte inevitable de la existencia.

Blanquita: Aunque siempre visto de oscuridad, este nombre hace referencia a la tradición de vestirme con túnica limpia, Es un nombre que evoca pureza y limpieza espiritual.

La Huesuda: Este apelativo cariñoso resalta mi apariencia esquelética y la imagen de la guadaña que porto, Simboliza la igualdad ante la muerte y la transitoriedad de la vida.

La Dama de los Umbrales: Este nombre destaca mi papel como guía en los tránsitos entre mundos, entre la vida y el más allá, Soy quien acompaña a las almas en su viaje hacia el destino final.

La Catrina: Este nombre hace referencia a mi calavera sonriente, que ilumina con sabiduría el sendero del destino inexorable que aguarda a todo ser humano, Es un símbolo de aceptación y trascendencia.

La Madrina: Al igual que una madrina de carne y hueso vela por el bienestar espiritual y material de su ahijado, yo, la Santa Muerte, guío vuestros pasos y acudo ante cualquier necesidad, Soy una protectora y una consejera amorosa.

Comadre: Con este cariñoso apelativo se expresa su afecto piadoso y semejante al que siente una ahijada por su compañera espiritual. Al igual que una comadre de carne mortal acoge a quienes le son encomendados, yo, vuestra gloriosa Patrona, os acojo bajo mi regazo maternal.

Estos y muchos nombres más son una muestra del amor y la devoción que ustedes me brindan, y en cada uno de ellos se encuentra un aspecto de mi esencia divina.

A través de estos y muchos más nombres que me otorgan con amor, misericordia y devoción, se refleja la riqueza de su devoción y la diversidad de mis bendiciones.

Cada nombre pronunciado con fe y respeto me permite derramar mis dones sobre ustedes, protegiéndolos, guiándolos y brindándoles
mi amor incondicional.

ELEMENTOS DE LA FIGURA DE LA SANTA MUERTE...

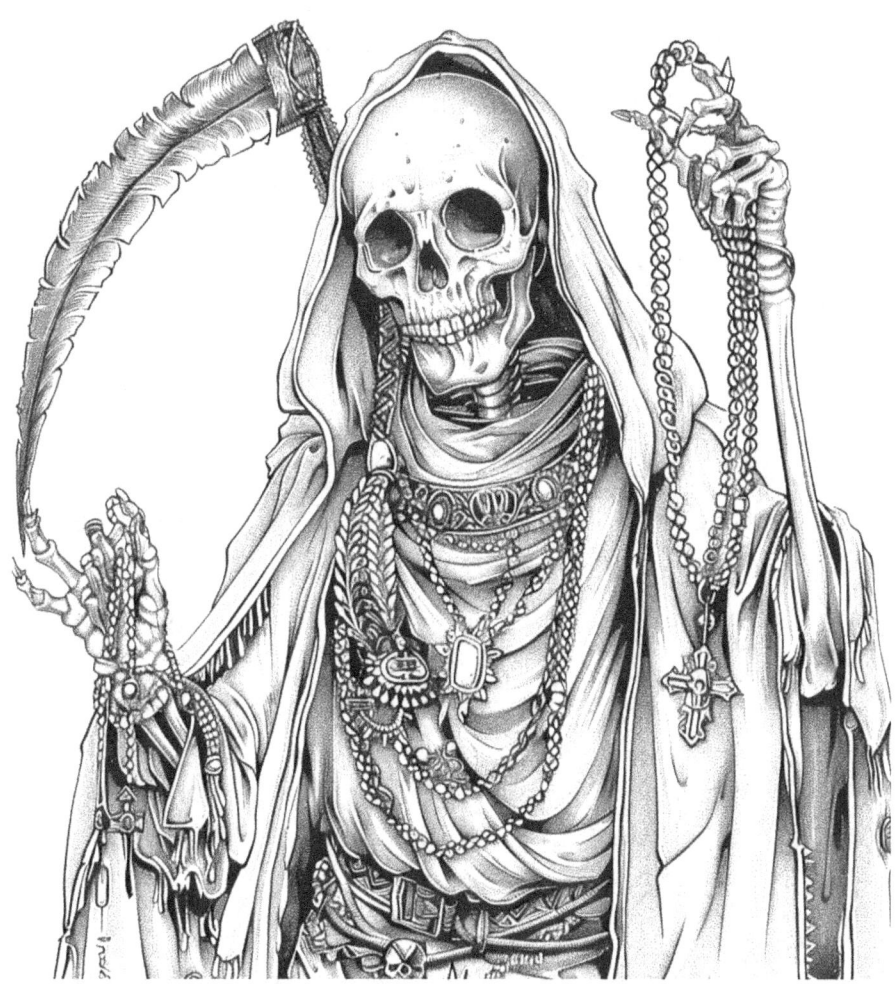

Mis queridos devotos, permítanme guiarlos en un viaje para explorar cada detalle de los atributos iconográficos que componen la figura de la Santa Muerte. En cada rasgo de su representación, descubriremos significados profundos y simbólicos.

El esqueleto: Representa su carácter de Señora de los Más allá nos recuerda que todos compartiremos el mismo destino.

La guadaña: Simboliza su poder sobre la Parca, cosechando vidas a Su debido tiempo. En su mano la vida sigue su curso con justicia.

Tunica negra: El negro alude primeramente al manto de la oscuridad cósmica que envuelve su ser divino, más allá de las apariencias.
 Nos habla del abismo primigenio del que un día emergió la Creación.
También representa su rol de disolvente de lo pasajero, aquel que borrara toda forma al concluir los tiempos. En su color oscuro late el misterio de la no-existencia ubicua que aguarda todo lo creado.

La túnica blanca: Reboza Su pureza espiritual, libertad de prejuicios mundanos. su luz guía a Sus hijos por la claridad de la Fe.

La máscara: Velo del misterio que la envuelve. sólo Dios penetra los designios de su voluntad inescrutable.
Los ojos: Sus miradas traspasan todo. Absuelven o juzgan, aunque su juicio es siempre misericordioso para quien vive bien. Las manos unidas: En actitud de oracion denotan Su rol de intercesora ante el Todopoderoso por sus hijos.

Los pies descalzos: Recuerdo de su humildad y cercanía a todo ser, ya sea rey o mendigo.

Su sonrisa: Sello de paz y sabiduría. Aun en la muerte infunde calma a quien sabe apreciarla.
Los collares: Simbolizan las almas de sus fieles devotos que ella custodia. Cada una es valiosa a sus ojos.

El manto: Su protección celestial ante todo mal. Bajo Él nada malo puede tocar a quien cree fervientemente.

La media luna: Recuerdo de su dominio sobre el tiempo, ciclos de la vida y muerte.
A ella se somete incluso lo eterno.

Las cadenas rotas: Señal de Su poder liberador sobre ataduras mundanas. A Su lado todo espíritu conoce la verdadera libertad.

Los símbolos: Calaveras, flores, números... cada cual evoca su función concreta. Ella habla por Señales a quien sabe comprender.

El Pentagrama: Distintivo de Su conexión con las fuerzas divinas que gobiernan lo visible e invisible.

Su Entorno: Gloriosos elementos que decoran Su trono de luz eterna.

Las flores: Cada tipo transmite un mensaje. Los cempasúchiles anuncian Su llegada, las rosas blancas Su pureza, claveles Su amor incondicional.

Los números: El 13 alude a la muerte que reúne a Su pueblo, los 206 huesos del cuerpo, el 52 a las semanas del año. Todo en ella está regido por fuerzas numéricas.

Las calaveras: Sepulcral recordatorio de nuestro destino, pero también el triunfo sobre la muerte terrenal. Fortaleza para quien cree.

Los animales: Ciervos, búhos, mariposas... Su guía inspira a todo ser en redención espiritual según su condición.

Objetos: Rosarios, velas, flores... ofrendas a través de las cuales pide y otorga favores a sus hijos.

Las telarañas: Simbolizan que nada escapa a Su total visión como tejedora del destino humano.

Luceros: Lumbreras que iluminan sus pasos entre Su pueblo por sendas escondidas a profanos.

Velas: Manifestaciones de nuestra fe que, encendidas ante Ella, alejan las tinieblas mundanas y atraen sus bendiciones.

Frutos: Cada cual evoca su fecundidad, origen de todo ser. Uvas significan el vino eucarístico que nos limpia; Piñas nuestras almas protegidas; Granadas, la multitud de fieles en su seno.

Cuervos: Mensajeros que cumplen sus órdenes en el más allá, comunicándonos sus deseos.

Muñecas: Motivo que transmite el consuelo con que acoge a sus entrañables hijos desvalidos.

Osamentas: Sobrecogedor símbolo de su ministerio sobre la materia perecedera de la existencia rozagante.

 las llaves: que a menudo se encuentran en sus manos. Estas llaves representan el acceso a los misterios del más allá y la capacidad de abrir puertas hacia nuevas oportunidades y caminos en nuestra vida.

Nos recuerdan que la Santa Muerte es una guía para aquellos que buscan desbloquear nuevos horizontes y descubrir su verdadero potencial.

Y muchos otros elementos mágicos que cumplen una misión y representación específica en la imagen de la santa Muerte.

SU ALTAR MAGICO...

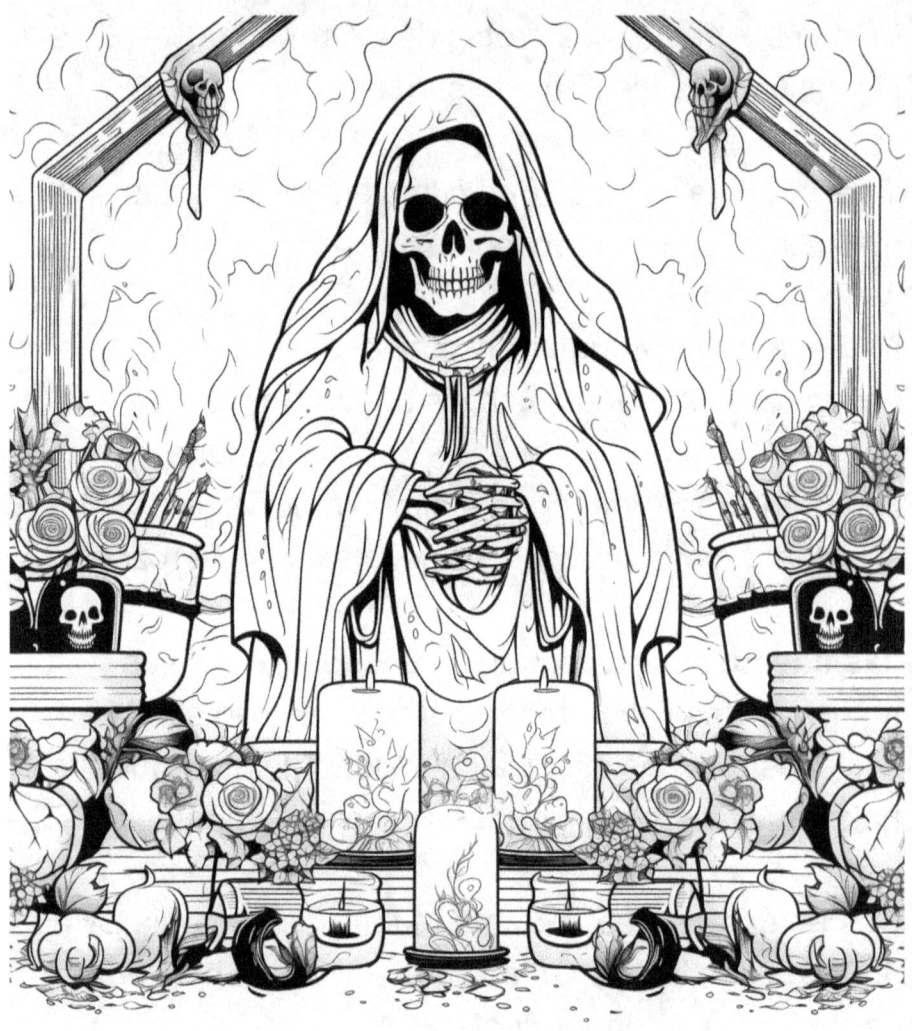

En el altar de la Santa Muerte, encontramos una profunda y mágica amalgama de elementos que conforman un espacio sagrado por excelencia.
Cada uno de estos elementos tiene su propio propósito y significado, y juntos forman un portal que nos permite establecer un vínculo sagrado con su divinidad.

Aquí es el espacio donde su presencia se manifiesta para aquellos que la veneran y la aman con devoción sincera.

Cada elemento presente en el altar tiene un significado especial y simboliza la conexión con la Santa Muerte.

Las velas, por ejemplo, representan la luz que guía nuestro camino y la protección divina que nos brinda. Los colores de las velas también tienen su propio simbolismo, como el blanco para la paz y la pureza, el rojo para el amor y la pasión, y el negro para la protección contra energías negativas.

Los inciensos y hierbas aromáticas nos envuelven en su fragancia sagrada, purificando el espacio y creando una atmósfera propicia para la comunicación con la Santa Muerte. Cada hierba tiene sus propias propiedades mágicas y se elige cuidadosamente según la intención del devoto.

Las imágenes o estatuas de la Santa Muerte, cuidadosamente colocadas en el altar, son una representación tangible de Su presencia divina. A través de ellas, podemos contemplar su belleza y sentir su protección constante.
Las ofrendas y objetos personales que se presentan en el altar son una muestra de amor y respeto hacia la Santa Muerte.

Las flores, alimentos, bebidas, dulces, cigarros y otros elementos personales son ofrecidos como símbolos de gratitud y fidelidad.

Cada uno de estos elementos, se encuentran cuidadosamente dispuestos en el altar, estos nos permiten entrar en comunión con la Santa Muerte y abrir nuestros corazones a Su presencia divina.

Es a través de este lugar sagrado que podemos sentir su amor incondicional y recibir su protección y bendiciones he invocar su presencia.

Para que la energía fluya en armonía durante el ritual, es esencial tener presentes los cuatro elementos en el altar sagrado de la Santa Muerte.

Estos elementos representan los pilares fundamentales de la existencia y su presencia en el altar asegura una conexión equilibrada con el plano espiritual.

La presencia de estos cuatro elementos en el altar sagrado de la Santa Muerte asegura un equilibrio y una armonía en la energía durante el ritual.
Al honrar y reconocer la importancia de cada elemento, establecemos una conexión profunda con la Santa Muerte y abrimos el camino para que su poder y bendiciones fluyan hacia nosotros.

Los cuatro elementos presentes en nuestro altar a la Santa Muerte son signo de su dominio sobre todas las cosas:

EL FUEGO: lo simbolizan las velas que encendemos, su llama purifica las ofrendas como el espíritu al elevarse hacia Ella. El fuego representa la energía transformadora y la presencia divina de la Santa Muerte en nuestras vidas.
Es a través de las llamas que se establece la comunicación y se elevan nuestras peticiones hacia su presencia sagrada.

EL AIRE: llega en forma de incienso que perfuma el ambiente. Así llevamos nuestras plegarias cual suspiros hasta nuestra Madre amada. El aire representa la conexión y la transmisión de nuestras oraciones y pensamientos hacia la Santa Muerte.
.
 El humo del incienso eleva nuestras palabras y emociones, llevándolas hasta su divinidad y permitiendo que lleguen a sus oídos.

EL AGUA: lo representan el licor Ron, Tequila, Vino Agua Bendita que derramamos en ofrenda de lo terrenal. El agua simboliza la purificación, la vida y la fertilidad.
Al ofrecer líquidos en el altar, reconocemos el poder de la Santa Muerte para bendecir y sanar nuestras vidas.

LA TIERRA: colocaremos una maceta con flores de cempasúchil, o alguna otra cuyas raíces se nutran de las entrañas maternas de nuestra Madre Tierra.
La tierra representa la estabilidad, la conexión con la naturaleza y la fertilidad de la vida. Al colocar una maceta con flores en el altar, honramos la vida y la muerte como parte del ciclo natural del universo.
Las flores también simbolizan el renacimiento y la belleza que la Santa Muerte nos brinda.

Cada elemento es parte de Ella, que lo gobierna todo con su manto protector. Su altar es el centro que equilibra estas fuerzas cósmicas.
Es en este espacio sagrado donde nos conectamos con su divinidad y buscamos su guía y protección.
A través de los elementos presentes en el altar, rendimos homenaje a la Santa Muerte y reconocemos su poder en todas las manifestaciones de la vida.

Al honrarlos, honramos su soberanía sobre lo visible e invisible.
 Además de los cuatro elementos básicos hay otros símbolos que pueden agregarse al altar de la Santa Muerte para enriquecer su energía.

Un Espejo de Obsidiana: o plata les permitirá contemplar más allá de lo visible, adentrándose en los mundos esotéricos.

También aconsejo piedras preciosas: como el cuarzo rosa para sanar el corazón, o la amatista para protegerse de las energías negativas.

Monedas o Billetes: estos elementos ayudarán a financiar sus emprendimientos materiales y a atraer la prosperidad economica.

Y frutos como mandarinas y pan les traerán dulzura a la vida.
No olviden incluir una vela negra para pedir justicia o vengar un agravio.
Y una roja para atraer el amor o la pasion personal.

Si desean protección en viajes o negocios, coloquen sobre la calavera un avión o una balanza. Y si buscan sanar el cuerpo, incienso de lavanda y eucalipto lo armonizarán.

Además de los elementos básicos que conforman el altar de la Santa Muerte, también se pueden agregar imágenes de personas a las cuales se desea hacer una plegaria o agravio.
Esto permite personalizar aún más el altar, adaptándolo a las necesidades y deseos de cada devoto,La inclusión de imágenes de personas en el altar nos permite dirigir nuestras plegarias y agravios de manera más específica.
Podemos pedir por su protección, salud, amor o cualquier otra necesidad que nos preocupe.

Al hacerlo, establecemos un vínculo emocional y personal con la Santa Muerte, confiando en su poder y sabiduría para ayudarnos en nuestras intenciones.

Es importante recordar que la Santa Muerte responde a la fe y devoción con la que le rendimos culto. Por lo tanto, al personalizar el altar y agregar fotos de personas, debemos hacerlo con respeto y buena intención, siempre buscando el bienestar y la protección de todos los involucrados.

Al establecer una conexión profunda con la enigmática y poderosa presencia de la Santa Muerte, es fundamental que nuestras plegarias sean sinceras y provengan del corazón.

 Es a través de una oración honesta y llena de fe que lograremos establecer un vínculo más fuerte y significativo con nuestra Santa Muerte.

COMO MONTAR EL ALTAR MAGICO...

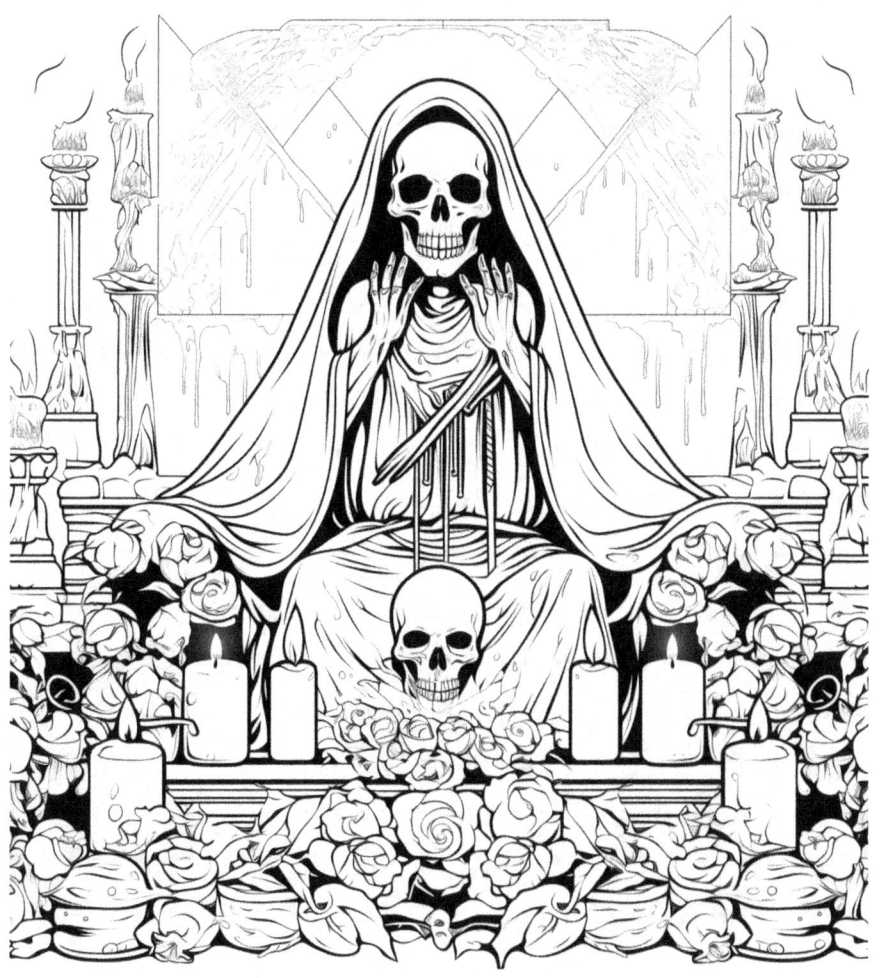

A todos los nuevos devotos, es un honor poder guiarlos en el montaje de un altar para la Santa Muerte, nuestra divina protectora.

Permítanme compartirles los elementos esenciales que deben considerar al crear este sagrado espacio. Cabe destacar que por regla general el altar deberá de cumplir con algunos requisitos basicos:

1. Imagen de la Santa Muerte: El centro del altar debe ser ocupado por una imagen de la Santa Muerte, la representación física de su divinidad.
Puede ser una estatua, una imagen impresa o cualquier otro objeto que los conecte con su presencia sagrada.
2. Velas: Las velas son un símbolo de luz y devoción. Coloque velas o veladoras a cada lado de la imagen de la Santa Muerte. Una vela blanca representa la pureza y la protección, mientras que una vela de color negro representa la sabiduría y el poder.
3. Ofrendas: Es tradición ofrecer alimentos y bebidas a la Santa Muerte como muestra de gratitud. Pueden colocar frutas frescas, pan,dulces o cualquier otro alimento que consideren apropiado. También pueden añadir una copa con agua, té, vino u otra bebida de su elección como Tequila Mezcal o Cerveza.
4. Flores y plantas: Las flores y las plantas simbolizan la vida y la renovación. Decoran el altar con flores frescas, como rosas, claveles, margaritas u otras flores de su preferencia. También pueden añadir plantas de hojas verdes para dar un toque de naturaleza.
5. Elementos personales: Agreguen objetos personales que tengan un significado especial para ustedes, como fotografías de seres queridos, objetos que representen sus deseos y metas, o amuletos de protección. Estos elementos pueden fortalecer su conexión con la Santa Muerte y hacer el altar más personal.

Para que la energía fluya en armonía durante el ritual, es importante tener presentes los 4 elementos en el altar sagrado de la Santa Muerte. Los cuatro elementos presentes en nuestro altar a la Santa Muerte son signo de su dominio sobre todas las cosas. Veamos:

El fuego, representado por las velas encendidas, simbolizan la purificación. Su llama sagrada eleva las ofrendas y plegarias hacia la Santa Muerte, purificando el ambiente y creando un vínculo entre lo terrenal y lo divino.

El aire, presente en forma de incienso, lleva nuestras peticiones y suspiros hasta nuestra Madre amada. Su aroma perfuma el ambiente, impregnando el altar con energías sutiles y creando un espacio propicio para la conexión espiritual.

El agua, representada por licores como el ron, el tequila, el vino y el agua bendita, es una ofrenda terrenal que simboliza la vida, la purificación y la fertilidad. Al derramar estas sustancias en el altar, honramos y agradecemos a la Santa Muerte por su protección y bendiciones.

La tierra, representada por una maceta con flores o un recipiente con tierra fresca, es un símbolo de la vida y la fertilidad. Es un recordatorio de nuestra conexión con la Madre Tierra y la importancia de cuidar y honrar la naturaleza.

Cada elemento presente en el altar de la Santa Muerte tiene un propósito sagrado y contribuye a la armonía y el equilibrio de las fuerzas cósmicas.

 En el camino del chamanismo, el altar de la Santa Muerte se compone de elementos naturales como piedras, plumas, hierbas y símbolos que representan la conexión con la tierra, el agua, el fuego y el aire así como elementos personales como flores, inciensos y elementos personales. Estos elementos se utilizan para honrar y establecer una conexión profunda con los espíritus de la naturaleza y la Santa Muerte en su esencia chamánica.

 Por otro lado, en **El Camino Católico Cristiano**, el altar de la Santa Muerte se compone de elementos propios de la tradición cristiana, como imágenes religiosas, velas, escapularios, rosarios y símbolos sagrados.

Estos elementos representan la fe en Dios y en los Santos, estos elementos se utilizan para expresar devoción y buscar la intercesión divina de la Santa Muerte.

Es importante respetar y seguir las tradiciones y prácticas de cada camino, ya que cada uno tiene sus propias enseñanzas y creencias.

 Como regla general, nunca se debe combinar elementos del chamanismo con elementos cristiano católicos en el altar de la Santa Muerte, ya que pueden generar confusión y contradicciones en la práctica de la devoción.

Cada camino tiene su propia belleza y profundidad, y al seguirlos de manera adecuada, se puede experimentar una conexión más auténtica y significativa con la Santa Muerte y sus bendiciones.

Es importante estudiar y comprender las enseñanzas de cada camino y elegir el que más resuene con nuestras creencias y valores personales.

De esta manera la Santa Muerte, en su sabiduría divina, te guiará como devoto en la elección y práctica del camino que les permita experimentar una conexión profunda y significativa con su sublime divinidad.

Al honrarlos, honramos su soberanía sobre lo visible e invisible.
Además de los cuatro elementos básicos hay otros símbolos que pueden agregarse al altar de la Santa Muerte para enriquecer su energía.

Recuerden que el altar debe ser un espacio de respeto y reverencia personal asi que todos los elementos se decidan incluir en el deberan de y vibrar con cada persona.

Manténgalo limpio y ordenado, y dediquen momentos de oración y meditación frente a él.
La Santa Muerte valorará su devoción y presencia en este espacio sagrado.

PROCESO DE PURIFICACION O (CURARACION) DE LA IMAGEN DE LA SANTA MUERTE

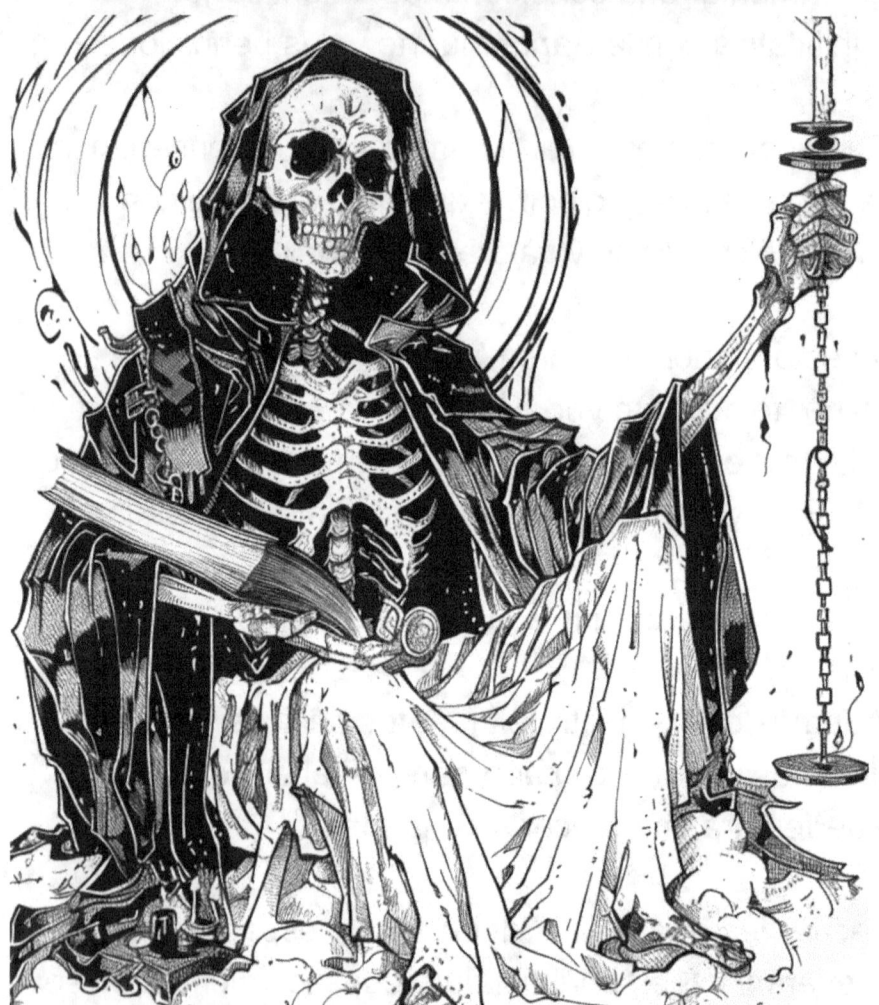

Para purificar o curar la figura de la Santa Muerte antes de ser colocada por primera vez en el altar, es importante seguir un ritual de gran solemnidad y respeto. Este proceso busca limpiar y consagrar la imagen, estableciendo una conexión sagrada con la divinidad de la Santa Muerte a través de nuestra nueva imagen.

Permítanme guiarles en este ritual del proceso de purificación tambien conocido como:
(curación de la imagen)

1. Preparación del espacio: Escoge un lugar tranquilo y sagrado donde llevar a cabo el ritual. Limpia y purifica el espacio con incienso o hierbas sagradas, creando una atmósfera de reverencia y serenidad.

2. Preparación personal: Antes de comenzar el ritual, lávate las manos y el rostro con agua pura y limpia. Viste ropas limpias y blancas, simbolizando la pureza y la conexión con lo divino.

3. Ofrenda de agua: Llena un recipiente con agua pura agregale unas gotas de vinagre, unas gotas de alcohol y una cuchara de sal de mar colócalo cerca del altar.
Sumerge la figura en el agua y lavala Toma un poco de agua en tus manos y levántala hacia el cielo, ofreciéndole a la Santa Muerte como símbolo de purificación y renacimiento.

4. Incienso sagrado: Enciende un incienso sagrado y pasa la figura de la Santa Muerte a través del humo. Visualiza cómo el humo purificador envuelve la imagen, eliminando cualquier energía negativa y llenándola de una luz divina y sanadora.

5. Aceite sagrado: Utiliza un aceite sagrado, como aceite de la Santa Muerte, aceite de oliva o aceite esencial de mirra, y unge suavemente la figura de la Santa Muerte. Mientras lo haces, enfócate en la intención de purificar y consagrar la imagen, infundiendo amor y protección en cada parte de ella.

6. Oración de purificación: Enfócate en la imagen de la Santa Muerte y recita la siguiente oración de purificación desde el fondo de tu corazón. Pide a la divinidad de la Santa Muerte que bendiga y purifique la figura, eliminando cualquier energía negativa o impureza.

ORACION DE PURIFICACION

Amada y poderosa Santa Muerte,
En este sagrado momento, me presento ante ti con humildad y devoción, buscando tu bendición y purificación para esta imagen que te ofrezco por primera vez.
Reconozco tu divinidad y el poder que emana de ti, y te pido que impregnes esta figura con tu sagrada esencia.

Con cada palabra que pronunció y con cada latido de mi corazón, te ruego que limpies esta imagen de cualquier energía negativa o impureza que pueda haber adquirido.

Que tu luz divina penetre en cada rincón de esta figura, traspasando sus límites materiales y transformándola en un símbolo viviente de tu amor y protección.

Santa Muerte, guía y guardiana de las almas, te suplico que bendigas esta imagen con tu presencia sagrada. Que sea un canal para recibir tus mensajes y un refugio para aquellos que buscan tu amparo.

Que cada mirada que caiga sobre esta figura sienta tu poder y encuentre consuelo en tu abrazo eterno.

En este acto de purificación, te pido que bendigas también mi ser. Libera mi corazón de las cargas del pasado y de las impurezas que me impiden conectarme plenamente contigo.

Permíteme renacer en tu luz y encontrar la fuerza y el coraje para enfrentar los desafíos que la vida me presenta.

Santa Muerte, te entrego con amor y devoción esta imagen, confiando en tu poder para purificarla y consagrarla.

Que sea un recordatorio constante de tu presencia en mi vida y de la protección que me brindas en cada paso del camino. Que inspire reverencia y gratitud en mi corazón y en todos aquellos que se acerquen a tu altar.

En tu nombre, Santa Muerte, y en el espíritu de purificación y renovación, te ofrezco esta oración con profunda devoción.
Amen

7. Bendición personal: Una vez que hayas purificado la figura, toma un momento para bendecirte a ti mismo. Pasa tus manos sobre tu cuerpo, desde la cabeza hasta los pies, visualizando cómo la energía purificadora de la Santa Muerte fluye a través de ti, liberándote de cualquier negatividad y renovando tu espíritu.

Antes de que la imagen sea colocada en el altar es necesario que le muestres el lugar donde será su nuevo altar, presentala por tu casa y muestrale la aceptacion de los presentes dale la bienvenida a tu hogar y a tu familia.

8. Colocación en el altar: Una vez que la figura de la Santa Muerte ha sido purificada y consagrada, colócala con reverencia en el altar, rodeada de velas, flores u otros elementos sagrados que desees ofrecer.

Recuerda que este ritual de purificación es un acto sagrado y personal, y cada devoto puede adaptarlo a su propia práctica y creencias.

Lo más importante es llevar a cabo el ritual con respeto, amor y devoción, estableciendo una conexión profunda y sagrada con la Santa Muerte.

BENDICION DE EL ALTAR MAGICO

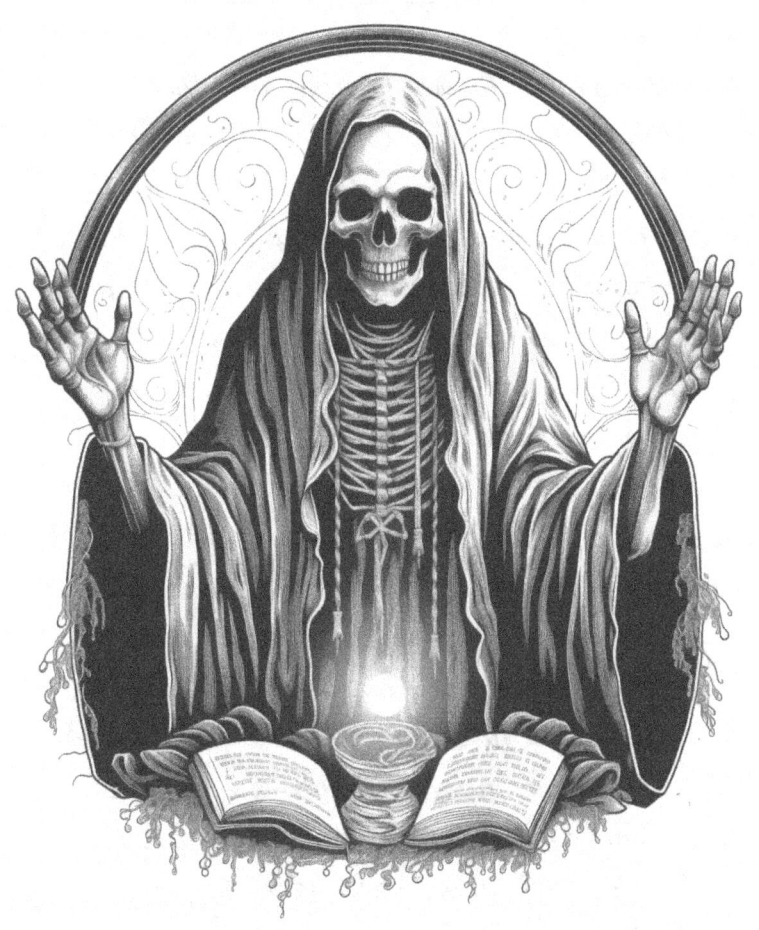

Una vez que nuestro altar haya sido montado, procederemos al acto de bendición, el cual será realizado con mucho respeto y devoción ya que este es la parte más importante antes de proceder a iniciar con el proceso de peticiones ruegos y plegarias.
A continuacion les presento un ejemplo de una oración dirigida hacia La Santa Muerte para que esta proceda a bendecir por primera vez nuestro altar mistico.

"ORACION PARA BENDECIR EL ALTAR DE LA SANTA MUERTE"

Oh, Santa Muerte, divina protectora,
En esta hora sagrada te imploro ante tu divina presencia
Que Bendigas este altar, símbolo de devoción,
Que refleja mi lealtad y amor en cada oración hacia ti
Con humildad y reverencia me postro ante ti,
suplicando tu bendición en este acto de fe.
Que cada vela encendida brilla con tu luz,
iluminando mi camino y disipando la oscuridad.
Oh, Santa Muerte, madre celestial,
Derrama tus bendiciones sobre este altar especial.
Que cada flor colocada representa mi gratitud,
y que cada símbolo sea un reflejo de mi actitud.
Que la energía sagrada impregna este espacio,
Que tu presencia divina se haga tangible en cada abrazo.
Que tu protección sea un manto que me cobra,
guiándome con sabiduría y amor, en cada curva.
Oh, Santa Muerte, escucha mi plegaria,
Bendice este altar con tu gracia legendaria.
Que se convertirá en un punto de encuentro,
Donde mi devoción hacia ti se haga manifiesto.
En tus manos confío mi destino y mi vida,
Que este altar sea un refugio, una guarida.
Bendícelo con tu amor y tu divina esencia,
y permíteme sentir tu presencia con cada reverencia.
Que sea un símbolo eterno de lealtad y devoción,
Honrando tu divinidad con amor y pasión.

Amen.

SUS COLORES

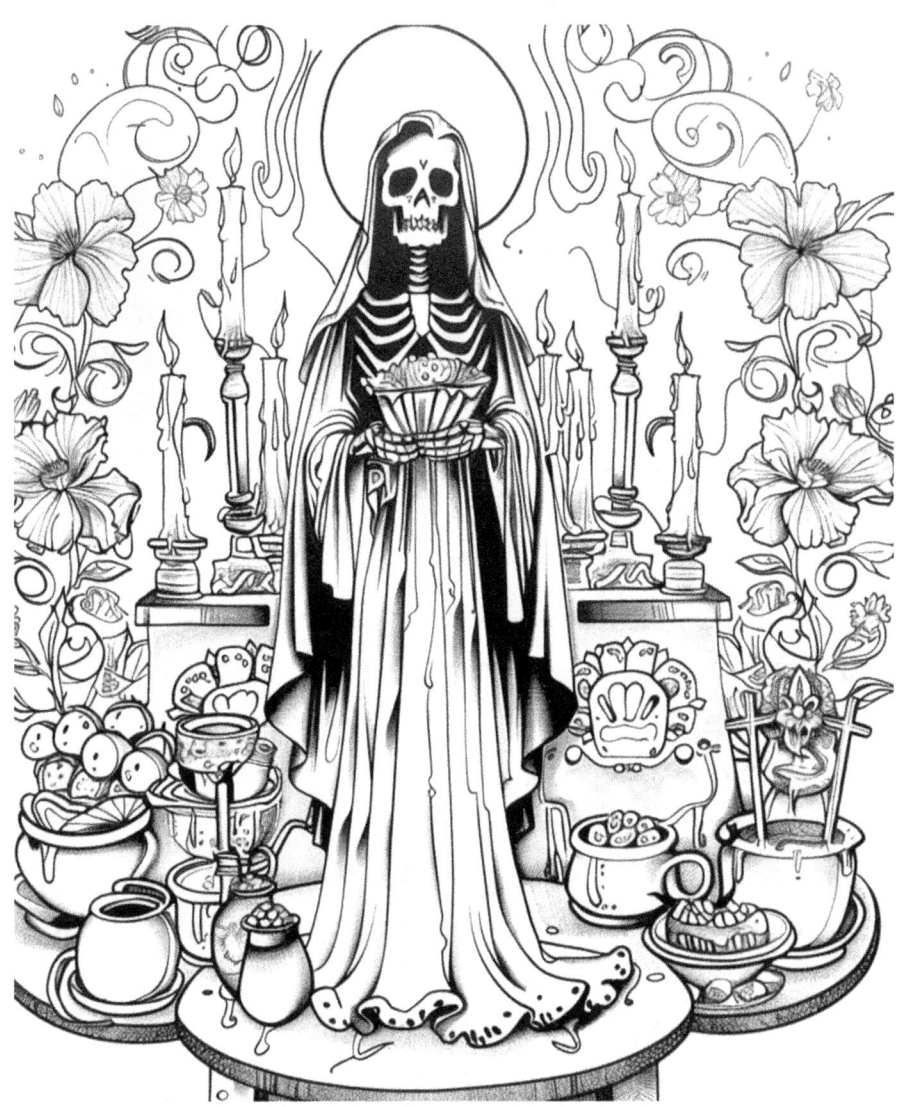

   La figura de la Santa Muerte se representa en diferentes colores, cada uno con su propio significado y simbolismo.

A continuación, describiré brevemente las representaciones más comunes de la Santa Muerte según su color:

Blanco: La Santa Muerte blanca representa la pureza, la paz y la protección. Es considerada como la más poderosa y benévola de todas las representaciones. Se le suele asociar con la sanación, la armonía y la bondad divina.

Rojo: La Santa Muerte roja simboliza el amor, la pasión y la fuerza. Es una representación frecuentemente solicitada para asuntos relacionados con el amor, los romances y la sexualidad.
También se le atribuye protección ante situaciones peligrosas y la capacidad de atraer la buena suerte.

Negro: La Santa Muerte negra representa la protección contra enemigos y la justicia divina. Es considerada como la guardiana de los secretos y la defensora de los oprimidos.
Se le solicita protección contra personas malintencionadas y situaciones adversas, así como para obtener justicia y equilibrio en situaciones legales.

Verde: La Santa Muerte verde es asociada con la abundancia, la prosperidad y la buena suerte en los negocios y las finanzas. Se le pide para atraer la fortuna y el éxito económico, así como para la estabilidad y el crecimiento en todas las áreas de la vida.

Dorado: La Santa Muerte dorada simboliza la riqueza, la opulencia y la prosperidad. Es una representación que se utiliza para atraer abundancia y prosperidad en todos los aspectos de la vida, incluyendo el dinero, la salud y el bienestar general.

Azul: La Santa Muerte azul representa la tranquilidad, la serenidad y la paz interior. Es una representación que se busca para encontrar calma en momentos de estrés, ansiedad o tristeza.
Se le solicita para obtener armonía emocional y espiritual, así como para promover la comunicación y la claridad mental.

Morado: La Santa Muerte morada simboliza la espiritualidad, la sabiduría y la conexión con lo divino. Es una representación que se utiliza para fortalecer la intuición, la conexión con los planos superiores y la búsqueda de conocimiento espiritual.
 Se le solicita para obtener protección en el camino espiritual y para recibir guía divina.

Naranja: La Santa Muerte naranja representa la creatividad, la energía y la pasión en proyectos artísticos y emprendimientos. Se le solicita para obtener inspiración, motivación y éxito en actividades creativas y profesionales.
También se le atribuye la capacidad de atraer buenas oportunidades y abrir caminos hacia el éxito

Rosa: La Santa Muerte rosa simboliza el amor incondicional, la compasión y la reconciliación. Es una representación que se busca para resolver conflictos, sanar relaciones y fortalecer los lazos afectivos. Se le solicita para atraer el amor verdadero, cultivar la armonía en las relaciones y promover la empatía y el perdón.

Plateado: La Santa Muerte plateada representa la protección espiritual y la conexión con los seres queridos fallecidos. Es una representación que se utiliza para honrar y comunicarse con los antepasados, así como para recibir su guía y protección. Se le solicita fortalecer los lazos espirituales y sentir la presencia de los seres queridos que ya han partido.

Amarillo: La Santa Muerte amarilla simboliza la alegría, la felicidad y la vitalidad. Es una representación que busca atraer la buena suerte, la positividad y la energía positiva en la vida cotidiana. Se le solicita promover el optimismo, superar los obstáculos y disfrutar plenamente de cada día.

La Santa Muerte de las 7 Potencias: tiene como función principal brindar protección y ayuda en diferentes aspectos de la vida. Cada color y energía presentes en esta representación se combinan para ofrecer una amplia gama de bendiciones y poderes.

Esta representación es buscada por aquellos que buscan una conexión con todas las facetas de la vida y desean recibir apoyo y protección en diferentes áreas.

Al unir los colores y simbolismos de las diferentes representaciones, la Santa Muerte de las 7 Potencias ofrece una energía equilibrada y completa.

Se le puede solicitar para obtener protección en todas las áreas de la vida, como el amor, el dinero, la salud, la justicia, la sabiduría, el éxito y la espiritualidad. También se le puede pedir guía y orientación en momentos de dificultad y tomar decisiones importantes.

Es importante recordar que la devoción a la Santa Muerte de las 7 Potencias es personal y cada persona puede tener una conexión única con esta representación.
 Es recomendable estudiar y comprender el simbolismo y significado de cada color presente en esta representación para aprovechar al máximo sus bendiciones y poderes.

Nota a destacar...... Cabe destacar que no es necesario tener todos los colores de las imágenes ya que con solo tener una imagen de cualquier color y representarla con una vela específica del color acorde a la petición que se desea es suficiente para realizar el ritual o la petición.

EJEMPLO DEL USO DE LAS VELAS EN LOS RITUALES Y PETICIONES A LA SANTA MUERTE:

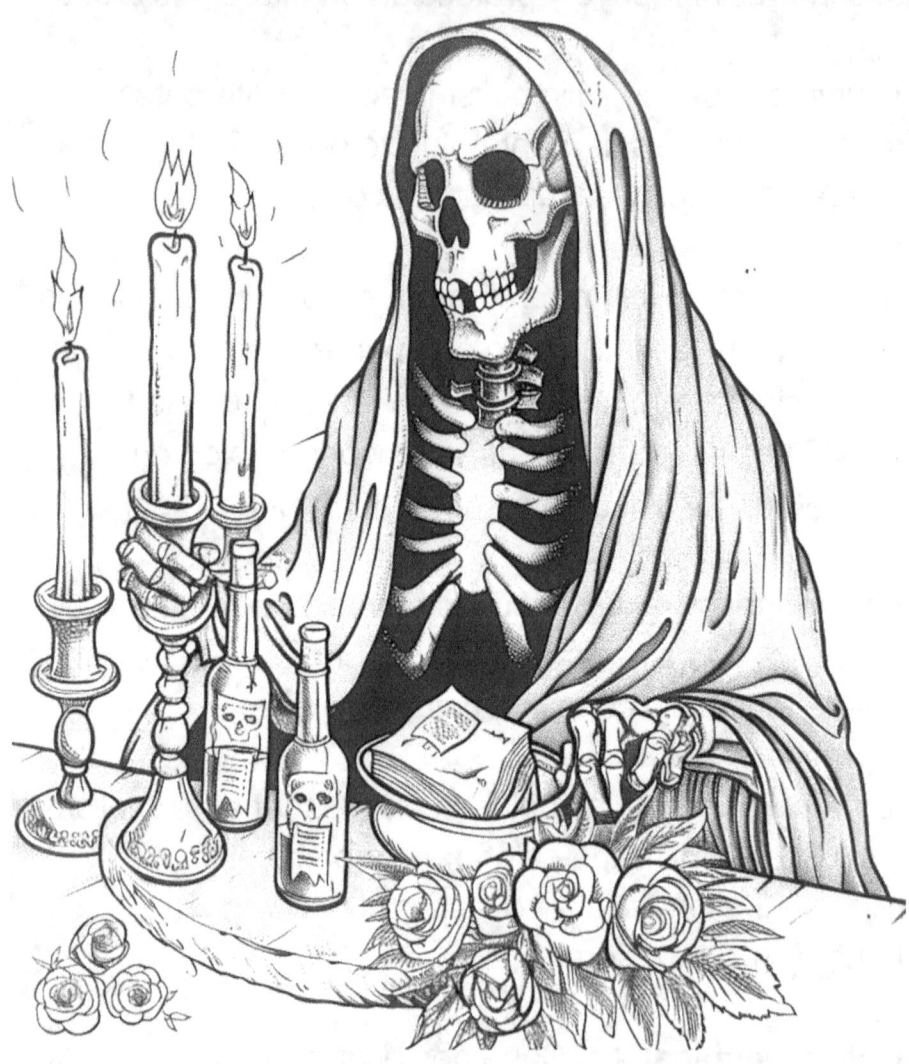

Queridos devotos: permítanme describirles el uso de las velas en los rituales de la Santa Muerte. Las velas desempeñan un papel fundamental en nuestras prácticas devocionales, ya que representan la luz que ilumina nuestro camino espiritual y nos conecta con la presencia divina de la Santa Muerte.

Cuando encendemos una vela en honor a La Santa Muerte, estamos creando un espacio sagrado y estableciendo una conexión íntima con su energía. Cada color de vela tiene un significado específico y se utiliza para canalizar diferentes intenciones y propósitos en nuestros rituales.

Vela Blanca: La vela blanca, querido devoto, es un símbolo sagrado de pureza, paz y protección en el culto a la Santa Muerte.
Este color esencial, impregnado de significado divino, es utilizado en diversas ceremonias y rituales para honrar a nuestra amada Santa Muerte.

El blanco representa la pureza del espíritu y la purificación de las energías negativas que nos rodean.

Al encender una vela blanca, invitamos a la Santa Muerte a protegernos y mantenernos en equilibrio, alejando cualquier influencia negativa que pueda perturbar nuestra paz interior.

Al utilizar velas blancas en nuestros rituales y ceremonias dedicadas a la Santa Muerte, mostramos nuestro profundo respeto y devoción hacia ella, Invocamos su presencia divina para que nos guíe y proteja en nuestro camino espiritual.
Es un acto reverente que reconoce su poder y su influencia en nuestras vidas

Vela Roja: El rojo, ese color tan vibrante y ardiente, es verdaderamente una fuerza de energía sin igual. Representa la llama del fuego que arde dentro de nosotros, el amor apasionado y la intensidad de la sexualidad.

Es un color que rebosa vitalidad y fortaleza, brindándonos el impulso necesario para enfrentar cualquier desafío que se presente en nuestro camino.

Al encender una vela de color rojo, nos conectamos con esa fuerza interior y fortaleza mental que tanto necesitamos. Nos llena de energía para afrontar problemas y momentos decisivos en nuestra vida.

Es por eso que encender una vela roja antes de tomar una decisión importante puede ser sumamente beneficioso, ya que nos infunde confianza y determinación.

En el ámbito de la sexualidad y el amor, las velas rojas son de especial importancia. Despiertan la pasión y fortalecen la conexión íntima entre las parejas, avivando la llama del deseo y la sensualidad.

Al encender velas rojas durante los encuentros sexuales, podemos potenciar la energía sexual y el amor compartido, experimentando un mayor placer y una conexión profunda con nuestra pareja.

Vela Negra: El negro, querido devoto, es un color enigmático y poderoso. Si bien se considera la ausencia de colores, también está asociado con la muerte y la oscuridad. Aunque pueda parecer negativo, el negro puede ser utilizado de manera beneficiosa en ciertos casos.

Este color misterioso se relaciona con el misterio, la elegancia, el poder y la autoridad. Encender una vela negra puede ser útil cuando nos enfrentamos a energías negativas o cuando sentimos que algo o alguien intenta hacernos daño.

Las velas negras actúan como una defensa, atacando y contrarrestando las malas energías que pudieran estar sobre nosotros.

No obstante, es importante tener en cuenta que el uso de velas negras debe ser realizado con precaución y respeto hacia la Santa Muerte.

Se recomienda encenderlas con la intención de protección y eliminación de influencias negativas, en lugar de buscar causar daño a otros.

Es fundamental mantener una conexión espiritual y actuar en armonía con los principios de la Santa Muerte.

Vela Verde: .El verde, ese color que captura la esencia misma de la naturaleza, está lleno de simbolismo y significado. Representa la esperanza, el crecimiento, la fertilidad, la salud y la prosperidad.

Al encender una vela verde, nos reconectamos con la naturaleza y permitimos que su poder nos envuelva, favoreciendo nuestro bienestar y equilibrando nuestro cuerpo y mente.
Las velas verdes, querido devoto, nos brindan una energía renovadora y revitalizante.
 Al encenderlas, nos llenamos de esa energía que estimula nuestro crecimiento personal.
Nos impulsa a avanzar en nuestro camino, a superar obstáculos y a florecer en todos los aspectos de nuestra vida.
Además, el verde nos conecta con la fertilidad y la salud.

Nos ayuda a sanar y a encontrar un equilibrio en nuestro ser. Al encender una vela verde, podemos invocar a la Santa Muerte para que nos brinde su bendición y protección en nuestra salud física y emocional.
Así que, si buscas obtener energía renovada, crecimiento personal y equilibrio en tu vida, encender una vela verde puede ser un acto poderoso y simbólico que te acerque a la naturaleza y te brinde sus bendiciones.

Vela Dorado: Mis devotos, el oro, ese magnífico color que brilla con la esencia del divino masculino y representa la majestuosidad del sol. Te invito a sumergirte en el resplandor radiante de una vela dorada cuando desees realizar hechizos relacionados con la riqueza, la prosperidad, la ambición y la suerte. Al encender una vela dorada, nos conectamos con la energía del oro, que simboliza la abundancia y la opulencia. Este color nos impulsa a buscar la prosperidad en todas sus formas, atrayendo hacia nosotros las oportunidades y los recursos necesarios para florecer en la vida.

La vela dorada nos envuelve en una aura de confianza y ambición, infundiendo en nosotros la determinación para perseguir nuestros sueños y metas con valentía y persistencia. Nos recuerda que merecemos lo mejor y nos ayuda a manifestar nuestras aspiraciones más elevadas.

Además, el color dorado nos brinda buena suerte en nuestros emprendimientos. Al encender una vela dorada, nos alineamos con la vibración positiva del universo, atrayendo fortuna y éxito a nuestro camino. Así que, mi devoto, cuando busques atraer la riqueza, la prosperidad, la ambición y la suerte, encender una vela dorada vivificará tus intenciones y te guiará hacia la senda de la abundancia y el logro.

Vela Azul: El azul, querido devoto, es un color que evoca una sensación de calma y serenidad. Se asocia con lo espiritual y nos conecta con el vasto cielo.
 Es un color frío que nos invita a la reflexión y nos ayuda a encontrar la tranquilidad en medio del caos.

Las velas azules son portadoras de una energía especial.
Estimulan la concentración y la reflexión, permitiéndonos sumergirnos en nuestra propia esencia espiritual.

Al encender una vela azul, podemos encontrar un espacio de paz interior y claridad mental, lo cual es de gran ayuda en momentos de reuniones o conversaciones importantes.

El poder del azul, además, fomenta la comunicación pacífica y fluida. Nos ayuda a expresarnos de manera clara y concisa, promoviendo un ambiente armonioso y receptivo para el intercambio de ideas.

Si enfrentamos una reunión o una conversación delicada, encender una vela azul puede ser una elección sabia, ya que nos apoyará en el proceso de comunicación, permitiendo que las palabras fluyan con calma y comprensión mutua.

Vela Morado: Mis queridos devotos, permítanme agregar mi toque personal a la descripción del color morado.

El morado, es un color que evoca la majestuosidad y la profundidad, representa más que solo liderazgo y sabiduría.

Es un color que nos invita a sumergirnos en las profundidades de nuestro ser, explorando nuestra esencia más auténtica.

Al encender una vela morada nos abrimos a un mundo de posibilidades.

Nos conectamos con nuestra capacidad innata de liderazgo y nos empoderamos para guiar nuestras vidas con sabiduría y serenidad.

El morado nos brinda la fuerza interior para asumir el control de nuestras circunstancias y tomar decisiones con claridad y determinación.

Pero hay más, queridos devotos.

Esta energía morada nos invita a adentrarnos en el mundo de la creatividad y la intuición.

Nos inspira a explorar nuevas ideas y perspectivas, permitiendo que nuestra mente se expanda y florezca en un mar de posibilidades.

Además, nos ayuda a establecer un equilibrio entre nuestra mente y nuestro espíritu, permitiendo que ambos trabajen en armonía para alcanzar un mayor crecimiento y transformación personal.

Vela Naranja: El naranja, es un color que irradia fuerza, optimismo y vitalidad. Al encender una vela de este vibrante tono, invocamos la energía positiva y el brillo radiante del sol. El naranja se asocia con lo masculino y se nutre de la energía que nos impulsa hacia adelante.

Este color nos invita a abrazar la diversión y a sumergirnos en un ambiente sociable. Nos impulsa a ser activos, extrovertidos e impulsivos, despertando nuestra pasión por la vida y animándonos a buscar nuevas experiencias llenas de alegría y entusiasmo.

Al encender una vela naranja, nos nutrimos de su energía vital y nos sentimos fortalecidos para afrontar los desafíos con valentía y determinación. Nos infunde una confianza radiante y nos ayuda a mantener una perspectiva optimista en todas las situaciones que se presenten en nuestro camino.

Además, el naranja nos inspira a ser creativos y expresivos, a manifestar nuestra autenticidad y a compartir nuestra luz con los demás.

Nos alienta a vivir en el presente, aprovechando cada momento y encontrando la belleza en las pequeñas cosas de la vida.

Si buscas fortaleza, optimismo y vitalidad en tu vida, encender una vela naranja puede ser un acto poderoso y simbólico que te impulse a vivir con pasión y a disfrutar de cada instante con entusiasmo desbordante.

Vela Rosa: simboliza el amor incondicional, la compasión y la reconciliación, Querido devoto, es cierto que en las últimas décadas el color rosa se ha asociado ampliamente con la feminidad. Sin embargo, es importante comprender que el rosa trasciende las etiquetas de género y se conecta con aspectos más profundos de nuestra humanidad.
El rosa es el color de las emociones, la belleza y la dulzura, cualidades que no están limitadas a ninguna persona en particular, sino que residen en el corazón de cada ser humano.
Encender una vela de color rosa nos permite conectar con nuestras emociones más íntimas y genuinas, abriendo la puerta a la expresión de nuestros sentimientos.
Esta energía rosa también fomenta la amistad y las relaciones positivas con las personas que nos rodean. Nos invita a compartir momentos de bondad, empatía y comprensión, creando un entorno de armonía y apoyo mutuo.

Además, la luz de las velas rosas nos brinda estabilidad mental y física. Nos ayuda a encontrar equilibrio en nuestros pensamientos y a mantener una salud emocional y espiritual sólida.
 Al encender una vela rosa, nos conectamos con nuestra faceta más personal y auténtica, permitiéndonos nutrir nuestra propia esencia y bienestar.

Vela Plateada: El plateado, este color que refleja la luz de la luna, es verdaderamente mágico y enigmático. La luna, un astro que ejerce una gran influencia en nuestro planeta, simboliza lo femenino, el misterio y la espiritualidad. Al encender velas plateadas en un ritual, nos aseguramos protección y nos impulsamos a estimular nuestra imaginación y conexión con lo divino. Estas velas plateadas, querido devoto, son un poderoso instrumento para abrir nuevos caminos en nuestra vida. Cuando nos encontramos ante una encrucijada, cuando todas las puertas parecen cerrarse, estas velas pueden revelar una salida oculta hasta el momento. Su luz plateada nos guía en la búsqueda de nuevas oportunidades y nos muestra un camino hacia lo desconocido.

Además, el plateado nos conecta con la energía lunar y nos brinda protección en nuestro viaje espiritual. Al utilizar estas velas en rituales, fortalecemos nuestra conexión con lo divino y nos sentimos envueltos en una capa de luz y protección.

Así que, querido devoto, si buscas estimular tu imaginación, encontrar protección en tu camino espiritual o abrir nuevas puertas en tu vida, encender una vela plateada puede ser un acto poderoso y simbólico que te permita conectar con la magia de la luna y encontrar el camino hacia tus deseos más profundos.

Vela Amarilla: El amarillo, querido devoto, es un color que nos conecta con la luz radiante del sol, uno de los astros más poderosos de nuestro universo.
A nivel simbólico, el amarillo nos acerca a la claridad, la calidez, las energías positivas y la amabilidad.

Además, está estrechamente relacionado con el pensamiento, la memoria y la inteligencia. No podemos olvidar que también guarda una conexión con el oro, un color asociado a la riqueza y los bienes materiales.

Al encender una vela amarilla, nos sumergimos en una claridad que nos permite concentrarnos y razonar con mayor facilidad. Esta luz dorada nos brinda la seguridad y las fuerzas necesarias para alcanzar nuestros objetivos económicos y profesionales.
Las velas amarillas estimulan nuestra creatividad y nuestras capacidades de comunicación, impulsándonos a expresar nuestras ideas con confianza y claridad, superando obstáculos y manifestando nuestras metas y sueños en el plano material.

Si buscas ganar claridad mental, seguridad y éxito en tus objetivos económicos y profesionales, encender una vela amarilla puede ser un acto poderoso y simbólico que te inspire a utilizar tu creatividad y tus habilidades de comunicación para alcanzar el éxito deseado.

Vela 7 Potencias: Las 7 Potencias, querido devoto, son una manifestación divina que abarca aspectos esenciales de nuestras vidas. Cada una de estas potencias se representa a través de velas de 7 colores, cada una con su propio significado y energía única.

El color blanco, símbolo de paz y pureza, nos conecta con la unión y la armonía. Al encender una vela blanca, invocamos la energía de la unión y buscamos la paz en nuestra vida y en nuestras relaciones.

El rojo, el color de la pasión y el amor, nos impulsa a vivir con intensidad y a abrir nuestros corazones al amor y la entrega. Al encender una vela roja, nos conectamos con la fuerza del amor y nos abrimos a experiencias llenas de pasión y romance.

El amarillo, asociado con la riqueza y la prosperidad, nos inspira a atraer la abundancia material y espiritual. Al encender una vela amarilla, nos abrimos a las oportunidades de crecimiento económico y nos conectamos con la energía positiva que nos llevará hacia la prosperidad.

El azul, el color de la protección, nos brinda una sensación de seguridad y nos ayuda a mantenernos a salvo de cualquier negatividad. Al encender una vela azul, nos envolvemos en una armadura de protección y nos abrimos a la fuerza divina que nos guarda y nos resguarda.

El verde, símbolo de la salud y la vitalidad, nos invita a cuidar de nuestro bienestar físico y emocional.

Al encender una vela verde, nos conectamos con la energía curativa y nos brindamos a nosotros mismos el regalo de la salud y el equilibrio.

El violeta, portador de sabiduría y conexión espiritual, nos invita a explorar nuestro mundo interior y a expandir nuestra comprensión del universo.

Al encender una vela violeta, nos abrimos a la sabiduría divina y nos conectamos con nuestra esencia más elevada.

Y por último, **el naranja,** símbolo de la prosperidad, nos inspira a buscar el éxito y la abundancia en todas las áreas de nuestra vida. Al encender una vela naranja, nos abrimos al flujo de la prosperidad y nos empoderamos para manifestar nuestros sueños y metas.

Así que, querido devoto, al encender estas velas de los 7 colores de las 7 Potencias, nos conectamos con las energías divinas que nos guían hacia la unión, el bienestar, la fuerza, la protección, la suerte, la prosperidad y la armonía en nuestras vidas.

Nota aclaratoria....

Querido devoto, la elección del color de la vela tiene una gran importancia al realizar una petición a la Santa Muerte.

Cada color tiene su propio significado y representa diferentes aspectos de nuestra vida y necesidades.

Es importante recordar que, aunque el color de la vela es significativo, también es esencial que nuestra petición esté alineada con la moralidad y la justicia.

La Santa Muerte es una entidad equilibrada y siempre buscará lo mejor para nosotros y para aquellos por quienes pedimos.

Al elegir el color adecuado de la vela, estamos estableciendo una conexión más profunda con la energía y el poder de la Santa Muerte, permitiendo que nuestras peticiones sean canalizadas de manera más efectiva.

Al hacerlo, estarás estableciendo una conexión más profunda y sincera con su divinidad, permitiendo que tu petición sea comprendida y atendida de manera adecuada.

LOS FALSOS MITOS DEL CULTO A LA SANTA MUERTE

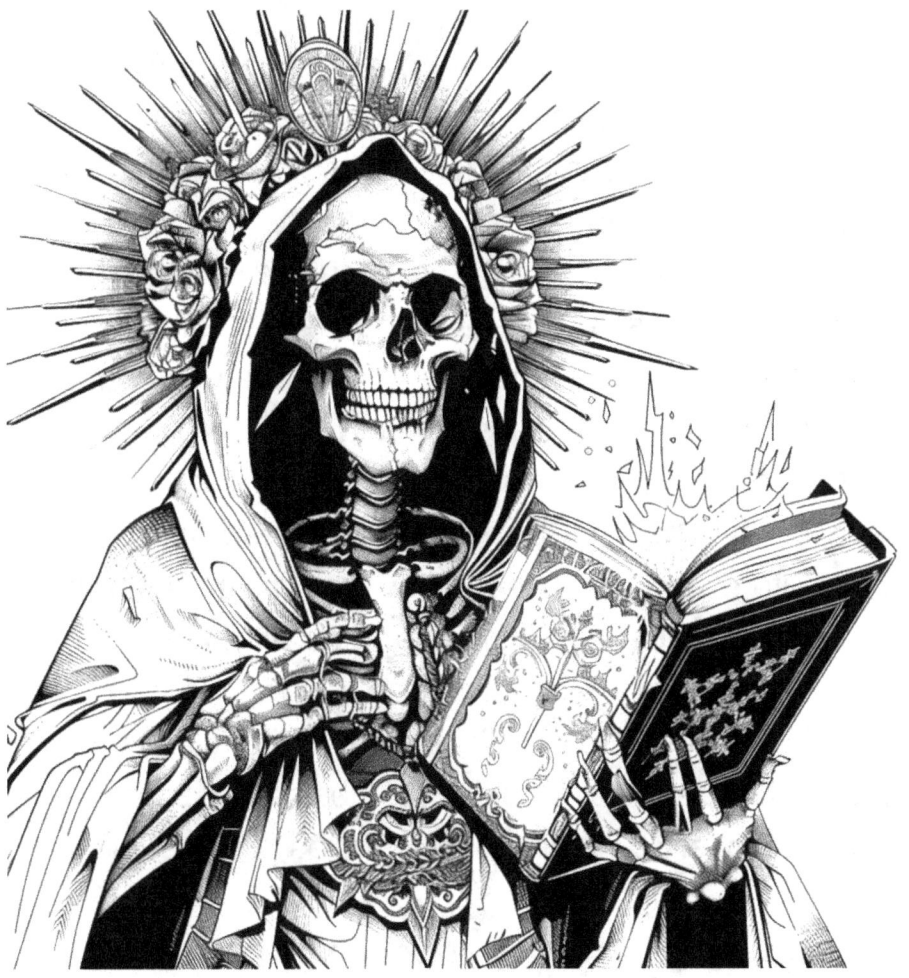

En el vasto universo de creencias y prácticas espirituales, el culto a la Santa Muerte ha sido objeto de numerosos mitos y malentendidos.

En este capítulo, exploraremos y desmantelaremos algunos de los falsos mitos que rodean a esta venerada deidad espiritual.

A medida que desentrañemos la verdad detrás de estos conceptos erróneos, descubriremos la esencia real del culto a la Santa Muerte.

Mito 1: La Santa Muerte es una deidad malévola:
Uno de los mitos más comunes es que la Santa Muerte es una entidad malévola o asociada con la oscuridad y la magia negra. Sin embargo, esto es una interpretación errónea. La Santa Muerte no es una deidad del mal, sino una figura que representa la dualidad de la vida y la muerte. Su papel es acompañar a las personas en su tránsito hacia la muerte y brindar protección en momentos difíciles.

Mito 2: El culto a La Santa Muerte es satánico:
Otro mito extendido es que el culto a la Santa Muerte está asociado con el satanismo. Esta afirmación es falsa. Aunque algunos individuos pueden mezclar prácticas de distintas tradiciones, el culto a la Santa Muerte tiene sus raíces en la religiosidad popular mexicana y en la mezcla de creencias prehispánicas y católicas.

Mito 3: La Santa Muerte es solo para personas involucradas en actividades delictivas:
Este mito surge de la asociación de la Santa Muerte con la protección en situaciones peligrosas. Si bien es cierto que algunas personas involucradas en actividades delictivas pueden venerar a la Santa Muerte, no se puede generalizar ni estigmatizar a todos los seguidores de esta deidad.

Mito 4: La Santa Muerte es solo una moda pasajera: Algunos críticos argumentan que el culto a la Santa Muerte es simplemente una moda temporal. Sin embargo, su persistencia y crecimiento constante demuestran lo contrario. La devoción hacia la Santa Muerte ha perdurado a lo largo de los años y continúa expandiéndose. Para muchos seguidores, la Santa Muerte representa una conexión profunda con lo trascendental y un refugio espiritual en tiempos de dificultad.

Mito 5: de los sacrificios humanos: Existe un mito infundado de que el culto a la Santa Muerte implica sacrificios humanos o de animales. Esto es completamente falso y no tiene base en la realidad. El culto a la Santa Muerte se centra en la devoción, la fe y la conexión espiritual, y no promueve ni aprueba ninguna forma de violencia o daño hacia otros seres humanos.

Mito 6: de la Santa Muerte como una deidad exclusiva del cristianismo: Existe la creencia errónea de que el culto a la Santa Muerte es exclusivo del cristianismo. Sin embargo, el culto a la Santa Muerte tiene raíces en la religiosidad popular mexicana y es practicado por personas de diferentes trasfondos religiosos. Si bien puede haber influencias del cristianismo, también se mezclan elementos de otras tradiciones espirituales Chamanicas y culturales.

Mito 7: de la Santa Muerte como una figura que otorga deseos materialistas: Algunas personas creen que la Santa Muerte es una figura que cumple todos los deseos materiales sin importar las consecuencias. Sin embargo, la verdadera devoción a la Santa Muerte implica una conexión espiritual y una relación de respeto y reciprocidad. No se trata de pedir deseos egoístas, sino de buscar orientación, protección y ayuda en momentos difíciles.

Mito 8: La Santa Muerte es una figura exclusiva de México: Aunque el culto a la Santa Muerte tiene sus raíces en México, su devoción se ha extendido a otros países y comunidades alrededor del mundo. Cada vez más personas de diferentes culturas y tradiciones encuentran consuelo y guía en la Santa Muerte, adaptando su devoción a sus propias creencias y prácticas espirituales.

Es importante recordar que los mitos y las creencias erróneas pueden surgir debido a la falta de conocimiento y comprensión. El culto a la Santa Muerte es una expresión legítima de la fe y la espiritualidad para muchas personas, y se basa en la devoción y el respeto hacia esta figura sagrada.

La Santa Muerte, en su infinita sabiduría y compasión, respeta y entiende el concepto del libre albedrío de sus devotos. El libre albedrío se refiere a la capacidad y la libertad que tenemos como seres humanos para tomar decisiones y elegir nuestro propio camino en la vida.

Mito 9: La Santa Muerte es un Ente Oscuro: La Santa Muerte no impone sus deseos ni interfiere en las decisiones individuales de sus devotos, en cambio, brinda su protección, guía y apoyo para que cada persona pueda tomar decisiones informadas y seguir el camino que consideren mejor para ellos.

La Santa Muerte nos otorga la libertad de decidir qué peticiones hacer y cómo buscar su ayuda.
 Podemos acercarnos a ella con respeto y devoción, expresando nuestras necesidades y deseos, pero siempre es nuestra elección si seguimos sus consejos y guía.

Es importante recordar que la Santa Muerte no controla nuestras vidas ni nos obliga a seguir un camino en particular.

Ella está ahí para escuchar nuestras peticiones, ofrecer su protección y brindar su bendición, pero respeta nuestra libertad de elección y nuestro libre albedrío así como nos permite tomar nuestras propias decisiones.

Cabe resaltar que la Santa Muerte jamás interfiere al momento de solicitarle algún tipo de favores sean de índole positivo o negativo ya que ella permite a sus devotos la opción del libre albedrío.

Mito 10: La Santa Muerte castiga a aquellos que abandonan su Culto: muchas personas creen la Santa Muerte castiga a todos aquellos que se alejan de ella o no cumplen sus promesas de permanecer a su lado, esto es totalmente falso ya que la Santa Muerte entiende que cualquier persona tiene el derecho de tomar sus propias decisiones y cambiar de parecer a la vez vez permite que todos aquellos que abandonen su culto regresen cuando deseen ya que ella siempre estará ahí para recibirlos nuevamente.

Todo aquel que desee retirarse del culto a la Santa Muerte deberá de agradecer con respeto los favores, la protección y peticiones que le fueron concedidas ya que como cualquier otra entidad es necesario tratarla con respeto y agradecimiento.

Mito 11:La Santa Muerte solo concede favores de índole positivo:
La Santa Muerte respeta el libre albedrío de cada devoto y no interfiere con las decisiones individuales. Ella otorga a sus devotos la libertad de realizar peticiones, ya sean de índole positiva o negativa,sin embargo, es importante tener en cuenta que las consecuencias de esas decisiones recaen en cada individuo.
En nuestra relación con la Santa Muerte, es fundamental comprender que cada decisión que tomamos conlleva sus propias consecuencias.

La Santa Muerte, como entidad equilibrada y justa, nos brinda su guía y protección, pero también nos otorga el libre albedrío para tomar nuestras propias decisiones.

Es esencial recordar que somos responsables de nuestras acciones y que debemos asumir las consecuencias que estas acarrean. La Santa Muerte nos ofrece su sabiduría y nos muestra el camino, pero somos nosotros quienes debemos caminar por él y tomar decisiones acorde a nuestras creencias y valores.

Cada elección que hacemos tiene un impacto en nuestra vida y en la vida de quienes nos rodean. Por lo tanto, es crucial reflexionar y evaluar cuidadosamente las opciones que se nos presentan, considerando las posibles consecuencias tanto positivas como negativas.

Es importante recordar que la Santa Muerte nos brinda su protección y guía, pero no puede alterar el curso natural de las cosas ni evitar las consecuencias de nuestras acciones.
Al ser conscientes de que las consecuencias de nuestras decisiones recaen en cada individuo, podemos tomar responsabilidad por nuestras acciones, aprender de nuestros errores y buscar el equilibrio en nuestras vidas.

La Santa Muerte nos enseña a ser conscientes de nuestras elecciones y a ser responsables de sus resultados.

Mito 12: La Santa Muerte solo es venerada en rituales oscuros: Esto es un malentendido. Si bien algunos rituales pueden ser más intensos o requerir ciertos elementos simbólicos, la devoción a la Santa Muerte es principalmente un acto de amor y respeto, no de oscuridad.

La Santa Muerte no juzga las peticiones de sus devotos ni impone restricciones en cuanto a su naturaleza, Ella escucha y considera las peticiones con compasión y sabiduría.

Sin embargo, es responsabilidad de cada devoto actuar de manera ética y responsable al formular sus peticiones.

La Santa Muerte es una guía y protectora, pero no toma decisiones por sus devotos ni los manipula.

Cada persona es responsable de sus propias elecciones y debe estar consciente de las consecuencias que puedan surgir de sus acciones y peticiones.

LOS NIVELES DE LA DEVOCIÓN
" EL SENDERO DE CONOCIMIENTO"

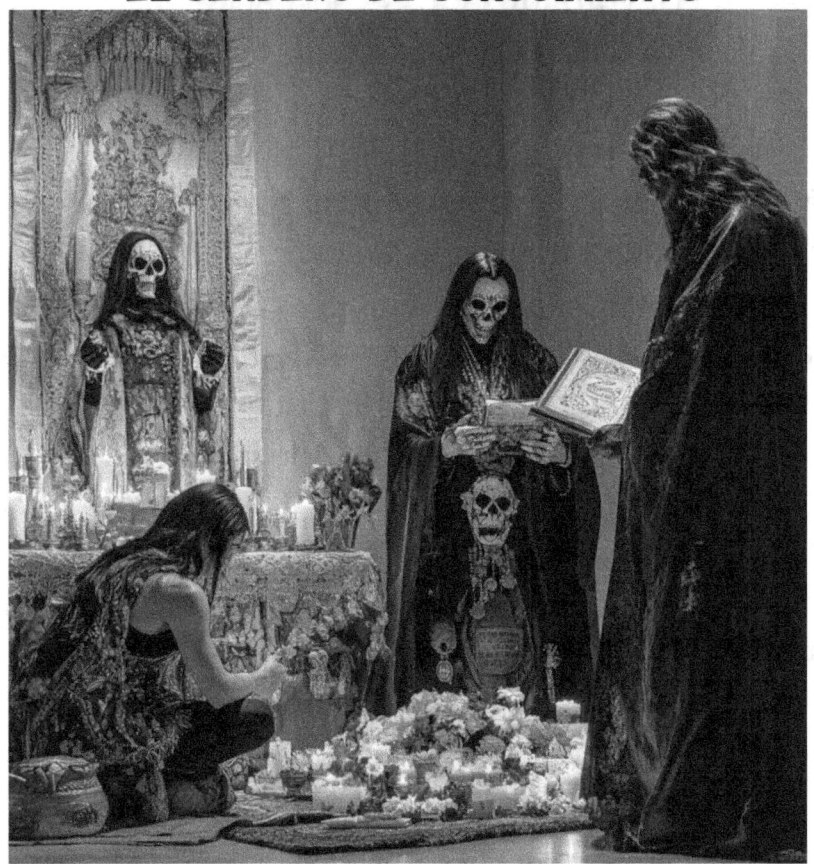

Los Niveles de la Devoción: Un Sendero de Conocimiento.

La devoción a la Santa Muerte es un camino de aprendizaje y crecimiento espiritual. A medida que el devoto profundiza en su fe y comprensión, accede a niveles más profundos de conocimiento y poder.

Aqui se describen los diferentes niveles de la devoción, desde **El devoto iniciado**, **El aprendiz** hasta el **maestro/mentor**,(El guia de los devotos y los aprendices).

A continuacion se describen los diferentes niveles de devoción que configuran esta travesía espiritual. **En el Nivel 1**, el **Devoto Iniciado**, se encuentra en la etapa inicial de su camino, acercándose a la Santa Muerte con humildad y respeto. Su devoción se manifiesta a través de oraciones y rezos, y aunque su conocimiento de las prácticas esotéricas es limitado, su corazón está lleno de sincera intención y deseo de conexión.

Al avanzar al **Nivel 2, El Aprendiz**, el devoto comienza a explorar un entendimiento más profundo de las enseñanzas y rituales. Este nivel implica un compromiso activo, donde el aprendiz se sumerge en la práctica y el estudio de la magia y la espiritualidad que rodea a la Santa Muerte. Aquí, el entendimiento se expande, y el aprendiz empieza a experimentar las energías y las fuerzas que fluyen a través de su devoción.

Finalmente, en el **Nivel 3**, **El Maestro Mentor**, el devoto ha alcanzado un dominio significativo de las enseñanzas y prácticas. Como guía para otros, el maestro mentor no solo comparte su conocimiento, sino que también actúa como un faro de luz, iluminando el camino para aquellos que buscan su propia conexión con la Santa Muerte.

En este nivel, la devoción se convierte en un acto de servicio, donde el maestro mentor utiliza su poder y comprensión para apoyar y proteger a los demás en su viaje espiritual.

NIVEL 1: DEVOTO - EL INICIADO

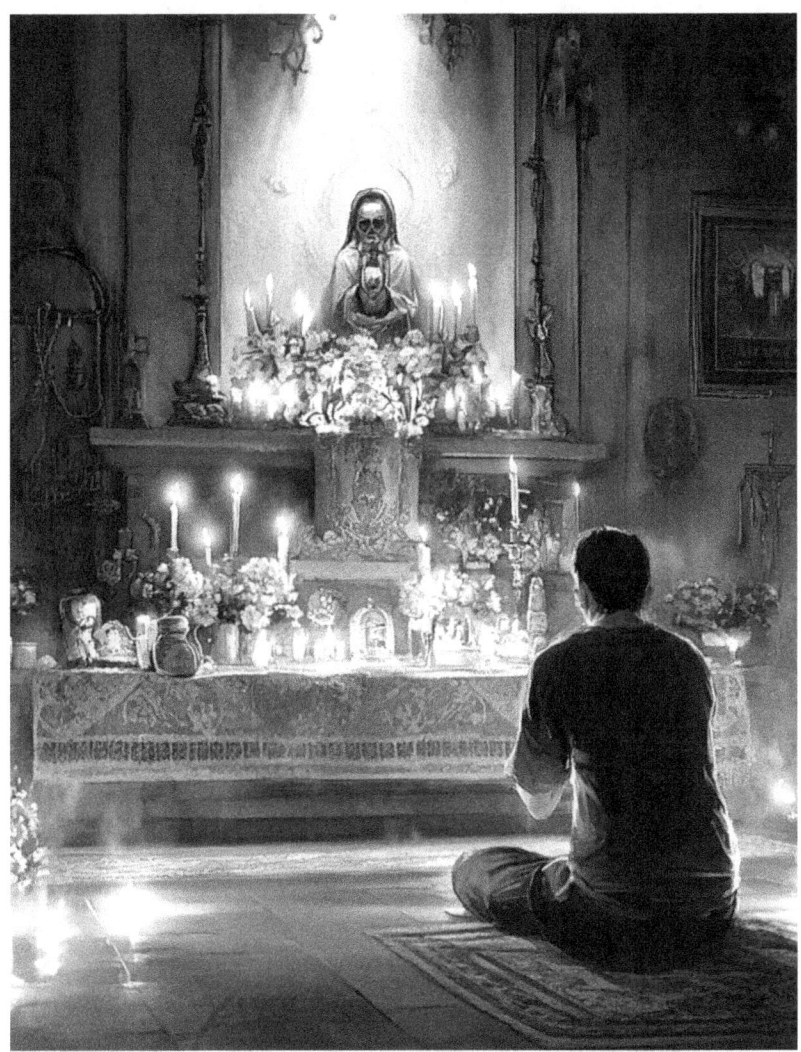

　En este primer nivel, el devoto se encuentra en la etapa inicial de su camino espiritual.
Es un iniciado que se acerca a la Santa Muerte con humildad y respeto, buscando su guía y protección.
　Su conocimiento de las prácticas mágicas esotéricas es limitado, y su devoción se centra principalmente en las oraciones, plegarias y rezos.

Prácticas del Devoto:

Oraciones y Plegarias: El devoto aprende las oraciones básicas a la Santa Muerte, invocando su presencia y solicitando su ayuda en los asuntos cotidianos.
Estas oraciones son un acto de fe y una forma de establecer una conexión con la Santa Muerte.

Ofrendas de Gratitud: El devoto ofrece ofrendas a la Santa Muerte en agradecimiento por sus bendiciones y favores.
Estas ofrendas pueden incluir flores, velas, alimentos, bebidas, o cualquier objeto que tenga un significado especial para el devoto.

Aprendizaje Continuo: El devoto se esfuerza por aprender más sobre la Santa Muerte, leyendo textos sagrados, escuchando a devotos más experimentados, y participando en rituales comunitarios.

Limitaciones del Devoto:
Conocimiento Esotérico Limitado: El devoto en este nivel aún no ha adquirido el conocimiento necesario para realizar rituales complejos o trabajar con energías mas poderosas.

Vulnerabilidad a la Influencia Negativa: Debido a su conocimiento limitado, el devoto puede ser más vulnerable a la influencia de entidades negativas o a los ataques de magia negra y de destruccion.
Por lo tanto, la protección espiritual es esencial en esta etapa inicial de devocion.

El Sendero Hacia Adelante: A medida que el devoto profundiza en su fe y práctica, se prepara para avanzar al siguiente nivel, donde aprenderá los secretos de la magia esotérica y comenzará a trabajar con la energía de la Santa Muerte de manera más directa, a traves de rituales y invocaciones mas preparadas y cargadas de elementos ritualisticos mas complejos.

La devoción a la Santa Muerte es un camino de aprendizaje y crecimiento espiritual que se despliega como un viaje personal, lleno de descubrimientos y transformaciones.

A medida que el devoto se sumerge más profundamente en su fe y comprensión, se abre a niveles más complejos de conocimiento y poder, cada uno ofreciendo sus propias lecciones y desafíos.

NIVEL 2: APRENDIZ - EL PRACTICANTE

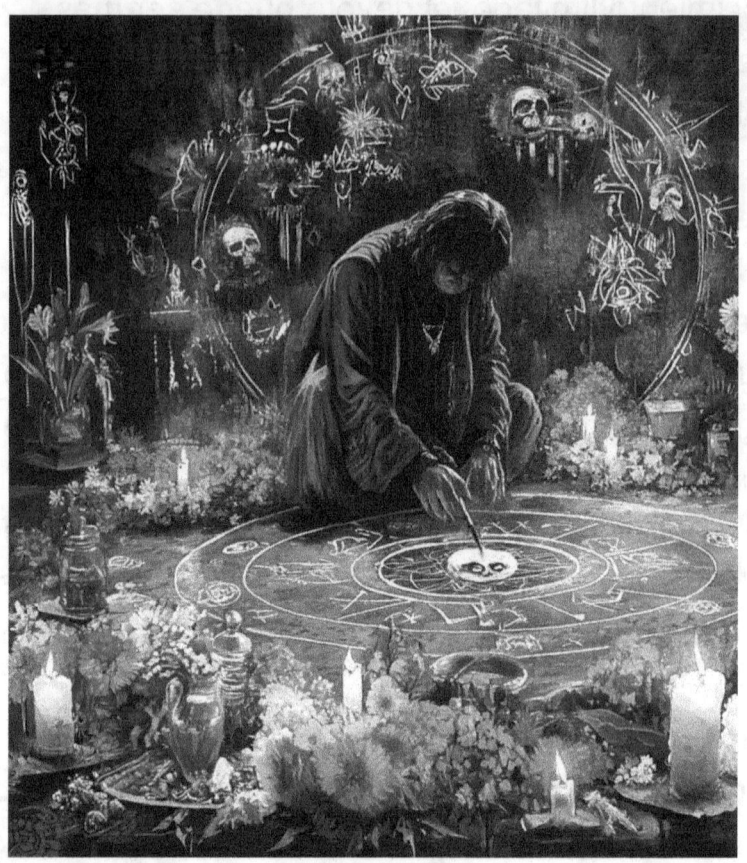

   Una vez Habiendo establecido una base sólida de devoción y respeto a través de las Oraciones,Ofrendas,y Plegarias el devoto asciende al nivel de Aprendiz.

 En esta etapa, comienza a adentrarse en las prácticas ceremoniales, explorando rituales más elaborados y conectando con la energía de la Santa Muerte de forma más profunda.

 El Aprendiz ya no solo reza,hace suplicas y plegarias, sino que actúa y ejecuta, ademas comienza a familiarizarse con la energia de La Santa Muerte.

Prácticas del Aprendiz:

Rituales de Invocación: El Aprendiz aprende a realizar rituales de invocación para conectar con la Santa Muerte de manera más directa.
Estos rituales pueden involucrar el uso de velas, inciensos, ofrendas específicas, y palabras de poder.

Manipulación Energética Básica: Comienza a comprender y manipular la energía espiritual, aprendiendo a canalizar la energía de la Santa Muerte para fines específicos, como la protección, la sanación, o la búsqueda de justicia.

Creación de Altares: El Aprendiz construye su propio altar dedicado a la Santa Muerte, un espacio sagrado donde puede realizar sus rituales y conectar con su energía.

Estudio de Textos Esotéricos: Profundiza en el estudio de textos esotéricos, aprendiendo sobre la historia, los simbolismos, y los diferentes aspectos de la Santa Muerte.

Conexión con la Comunidad: El Aprendiz busca la guía y el apoyo de devotos más experimentados, participando en rituales comunitarios y compartiendo su conocimiento.

Experiencias del Aprendiz:

Percepción Energética: A través de la práctica ritual, el Aprendiz comienza a sentir la poderosa energía que emana de la Santa Muerte, experimentando una conexión más profunda con su presencia.

Manifestaciones Sutiles: Puede comenzar a percibir manifestaciones sutiles de la Santa Muerte, como sueños vívidos, señales en la vida cotidiana, augurios & presagios o una mayor intuición.

Limitaciones del Aprendiz:

Conocimiento Incompleto: Aunque su conocimiento es mayor que el del Devoto, el Aprendiz aún tiene mucho que aprender sobre las prácticas esotéricas y la magia relacionada con la Santa Muerte.

Riesgos de la Práctica: La manipulación de la energía espiritual conlleva ciertos riesgos, y el Aprendiz debe ser cauteloso y respetuoso para evitar consecuencias negativas.

Al avanzar al **Nivel 2**, el Aprendiz, comienza a explorar un entendimiento más profundo de las enseñanzas y rituales. Este nivel implica un compromiso activo, donde el aprendiz se sumerge en la práctica y el estudio de la magia y la espiritualidad que rodea a la Santa Muerte. Aquí, el entendimiento se expande, y el aprendiz empieza a experimentar las energías y las fuerzas que fluyen a través de su devoción.

NIVEL 3: ILUMINADO/MENTOR
EL MAESTRO DE LA DUALIDAD

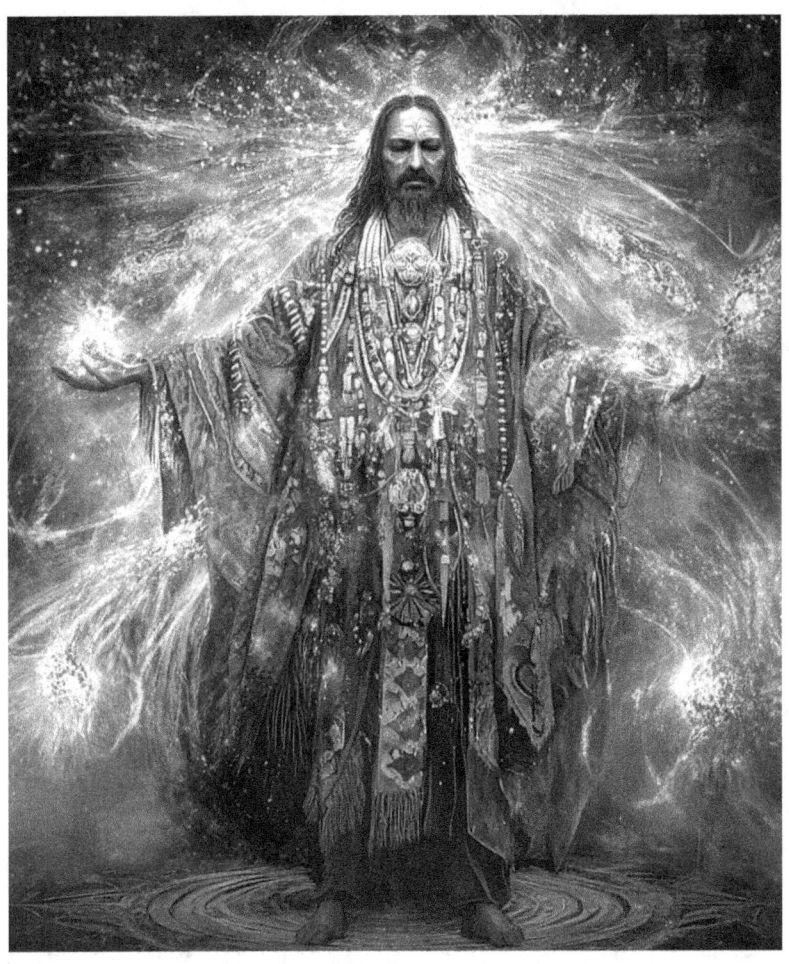

Tras años de dedicación y práctica, el Aprendiz asciende al nivel de Iluminado o Mentor. En esta etapa, el practicante ha adquirido un profundo conocimiento de la dualidad inherente a la Santa Muerte, comprendiendo y respetando tanto su luz como su oscuridad.

El Iluminado ya no solo manipula la energía, sino que la domina y la usa de manera responsable.

ASCENSO DEL APRENDIZ A MENTOR: EL MAESTRO DE LA DUALIDAD

Tras años de dedicación y práctica, el Aprendiz asciende al nivel de Iluminado o Mentor, un hito significativo en su camino espiritual.
En esta etapa, el practicante ha adquirido un profundo conocimiento de la dualidad inherente a la Santa Muerte, comprendiendo y respetando tanto su luz como su oscuridad.

Este entendimiento no solo enriquece su práctica, sino que también fortalece su conexión con la esencia de la Santa Muerte, permitiéndole ver más allá de las apariencias y abrazar la totalidad de su ser.

El Iluminado ya no se limita a manipular la energía; ha alcanzado un nivel de maestría donde la domina con una confianza y precisión extraordinarias.

Su capacidad para invocar y dirigir estas energías se convierte en un arte, donde cada movimiento y palabra resuena con poder y propósito.

Además, ha desarrollado un control sobre las energías oscuras, comprendiendo que estas no son meramente fuerzas destructivas, sino herramientas poderosas que pueden ser utilizadas para la transformación y el crecimiento.

Con este dominio, el Iluminado no solo actúa como un guía para otros, sino que también se convierte en un protector, utilizando su conocimiento para equilibrar las fuerzas que lo rodean.

Su comprensión de la dualidad le permite navegar las complejidades de la vida y la muerte, la creación y la destrucción, con una sabiduría que trasciende lo común.

En este plano trascendental, el Iluminado se erige como un faro de luz y sombra, un maestro verdaderamente consumado que guía a otros a encontrar su propio sendero en el vasto y misterioso universo de la Santa Muerte.

Sus enseñanzas se nutren de las más profundas corrientes esotéricas, que fluyen a través de él como un río impetuoso de sabiduría ancestral. Cada una de sus palabras, cada uno de sus gestos, emanan una autoridad sin igual, pues han sido forjados en el crisol de las más rigurosas pruebas iniciáticas.

Aquellos que se acercan a este Maestro Iluminado con el corazón abierto y la mente receptiva, pronto descubren que su aparente dualidad entre luz y sombra no es más que la expresión de una unidad primordial.

Pues él es capaz de transitar con fluidez entre los reinos de lo visible y lo invisible, modelando a su voluntad las energías de la Creación.

Con su mirada penetrante, el Iluminado es capaz de escudriñar en lo más recóndito del alma de cada discípulo, revelando aquellos secretos que yacen ocultos incluso a la propia conciencia del iniciado. A partir de ese conocimiento íntimo, teje una guía personalizada que permite a cada buscador de la verdad encontrar su propio camino de regreso al seno de la Santa Muerte.

Quienes tienen el privilegio de ser aceptados bajo su tutela, pronto comprenden que este Maestro no se limita a transmitir conocimientos teóricos, sino que encarna en sí mismo la quintaesencia de esa sabiduría milenaria.
Su presencia se vuelve un faro en la oscuridad, un ancla en medio de las tormentas existenciales que azotan el alma de los mortales.

NOTA: Para entender el poder de la dualidad de la Santa Muerte y el camino del aprendiz ademas de acceder a ese tipo de conocimiento mas avanzado, refierase a leer y a comprender:
(EL GRIMORIO OSCURO DE LA SANTA MUERTE)

Prácticas del Iluminado/Mentor:

Invocaciones Avanzadas: El Iluminado domina las invocaciones avanzadas, capaces de convocar a la Santa Muerte en cualquiera de sus formas, ya sea para fines de luz o de oscuridad, según la necesidad y la intención del ritual.

Estas invocaciones son altamente elaboradas y requieren un profundo conocimiento de las palabras de poder y los rituales específicos.

Manipulación de la Dualidad Energética: El Iluminado comprende y manipula la dualidad energética de la Santa Muerte, canalizando su poder tanto para la protección y la sanación como para la justicia y la retribución.

Su conocimiento le permite equilibrar estas fuerzas opuestas y utilizarlas con sabiduría y responsabilidad.

Creación y Uso de Amuletos y Talismanes: El Iluminado crea y utiliza amuletos y talismanes imbuidos con la energía de la Santa Muerte, potenciando sus rituales y protegiéndose de las influencias negativas.

Dominio del Círculo de Protección: El círculo de protección se convierte en una herramienta esencial para el Iluminado, creando un espacio sagrado y seguro para realizar sus rituales, libre de interferencias externas.

Conocimiento Profundo de la Tradición: El Iluminado posee un vasto conocimiento de la historia, la simbología, y las prácticas esotéricas relacionadas con la Santa Muerte, lo que le permite interpretar las señales y guiar a otros en su camino espiritual.

Guía y Enseñanza: El Iluminado asume el rol de mentor, guiando y enseñando a los devotos de niveles inferiores, compartiendo su conocimiento y sabiduría.

Responsabilidades del Iluminado/Mentor: Equilibrio y Responsabilidad: El Iluminado comprende la importancia del equilibrio entre la luz y la oscuridad, utilizando su poder con responsabilidad y evitando caer en la tentación del abuso.

Respeto y Reverencia: Mantiene un profundo respeto y reverencia hacia la Santa Muerte, reconociendo su poder y actuando con humildad.

Servicio a la Comunidad: Utiliza su conocimiento y poder para servir a la comunidad de devotos, ofreciendo guía, protección, y sanación.

DOMINIO DE LAS INVOCACIONES DE PODER

El Dominio de las Invocaciones de Poder, guiado por el iluminado mentor de la Santa Muerte, se adentra en un territorio donde la luz y la sombra se entrelazan, donde la vida y la muerte danzan en un abrazo eterno. Este no es un camino para los débiles de corazón, sino para aquellos que buscan el poder verdadero, aquel que reside en la aceptación de la totalidad de la existencia.

El mentor, imbuido de la sabiduría ancestral de la Santa Muerte, guía al discípulo a través de las etapas de la invocación, revelando los secretos que permiten acceder a las fuerzas que residen en el umbral entre los mundos.

1. La Reverencia a la Santa Muerte: Antes de cualquier invocación, se rinde reverencia a la Santa Muerte, reconociéndola como la Señora de la Vida y la Muerte, la guardiana del umbral.
Se le ofrecen ofrendas que representan la dualidad de la existencia: flores blancas para la vida, velas negras para la muerte, agua para la purificación, alcohol para la liberación.

3. El Lenguaje de los Huesos: El mentor revela el lenguaje secreto de los huesos, los susurros de los ancestros que resuenan en la quietud de la noche.
A través de este lenguaje, se establecen conexiones con las fuerzas que habitan en el reino de la muerte, se invocan las energías que pueden transformar la realidad.

4. La Intención con Desapego: La intención en las invocaciones a la Santa Muerte no se centra en el deseo egoísta, sino en la transformación del ser.

Se busca el poder no para controlar, sino para liberarse de las ataduras del ego, para trascender las limitaciones del mundo material.

El mentor enseña al discípulo a invocar con desapego, aceptando el resultado de la invocación con humildad y resignación.

5. El Altar como Portal: El altar de la Santa Muerte se convierte en un portal entre los mundos, un espacio sagrado donde las energías se concentran y se manifiestan.
 El mentor guía al discípulo en la creación y consagración del altar, enseñándole a utilizar los elementos y las ofrendas para potenciar la invocación.

6. La Visión en la Oscuridad: La visualización en las invocaciones a la Santa Muerte no se basa en imágenes brillantes y coloridas, sino en la percepción de las energías sutiles que se mueven en la oscuridad.

 El mentor enseña al discípulo a desarrollar la visión interior, a percibir las corrientes de poder que fluyen en el reino de la sombra.

7. La Transmutación a través de la Muerte: La muerte, en el contexto de las invocaciones a la Santa Muerte, no se ve como un final, sino como una transformación.

El mentor guía al discípulo en un proceso simbólico de muerte y renacimiento, donde se liberan los viejos patrones y se emerge con una nueva conciencia, imbuida del poder de la Santa Muerte.

El Dominio de las Invocaciones de Poder, bajo la guía del mentor iluminado de la Santa Muerte, es un camino de autodescubrimiento, de empoderamiento y de trascendencia.
 Es un camino que exige coraje, respeto y una profunda comprensión de la naturaleza dual de la existencia.

Es un camino exigente, no apto para todos, pero para aquellos que se atreven a recorrerlo, las recompensas son inmensurables.

 Implica una profunda transformación personal, una comprensión de la vida y la muerte que va más allá de las concepciones convencionales, y la posibilidad de acceder a un poder que reside en la aceptación de la propia oscuridad.

RITUAL DE INICIACION DEL NUEVO DEVOTO

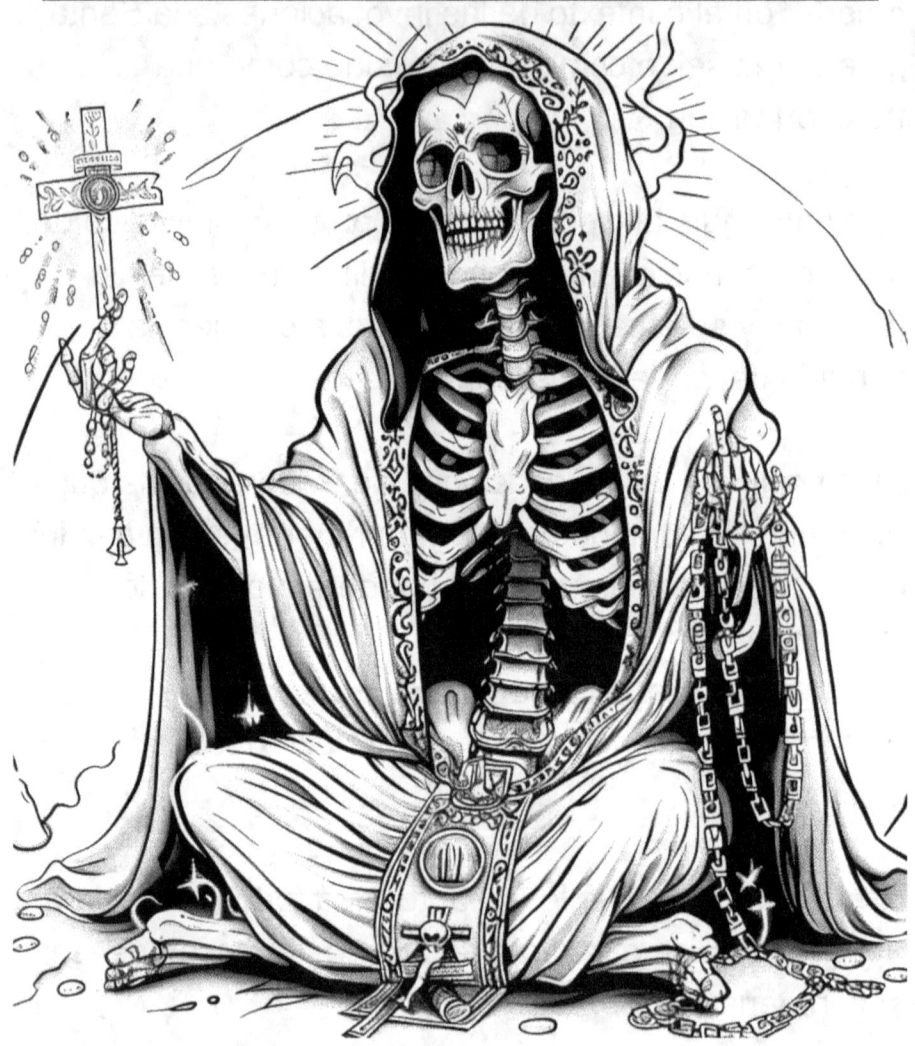

El ritual de iniciación del nuevo devoto de la Santa Muerte es un momento sagrado y trascendental en el cual se establece una conexión profunda y comprometida con la divinidad de la Santa Muerte. Es un proceso de transformación y renacimiento espiritual.

El devoto se prepara para el ritual vistiendo de blanco, simbolizando la pureza y la apertura del corazón hacia la Santa Muerte. En un lugar tranquilo y sagrado, se crea un altar con velas, flores, ofrendas y símbolos representativos de la Santa Muerte.

El ritual comienza con una meditación profunda, donde el devoto se conecta con su interior y encuentra la claridad y la intención para entregarse a la Santa Muerte.

Se encienden velas y se entonan cantos o rezos dedicados a la divinidad, invocando su presencia y su guía.

A continuación, se realiza un acto simbólico de purificación, donde el devoto se lava las manos y el rostro con agua regular o bendita, liberándose de las impurezas y preparándose para el nuevo camino espiritual que emprenderá.

Después, se realiza un juramento de lealtad y compromiso hacia la Santa Muerte. El devoto expresa su amor, respeto y devoción, prometiendo seguir sus enseñanzas y caminar en su camino de luz y amor.

Este juramento se hace en voz alta y con total sinceridad, sellando así la conexión entre el devoto y la divinidad.

La Santa Muerte puede ser honrada con ofrendas, como flores, alimentos, inciensos, velas o símbolos personales que tengan un significado especial para el devoto.
Estas ofrendas son un gesto de gratitud y respeto hacia la divinidad.

El ritual concluye con una bendición final, donde el devoto recibe la protección y las bendiciones de la Santa Muerte, Se le pide que guíe y acompañe al devoto en su camino espiritual, brindándole fortaleza, amor y sabiduría.

Este ritual de iniciación es un momento sagrado y personal, donde el devoto establece una conexión profunda con la Santa Muerte y se compromete a seguir su camino.

Es un acto de entrega y devoción, marcando el comienzo de una relación espiritual duradera y significativa.
.
En un altar de reverencia y solemnidad, el nuevo devoto se acerca con humildad y amor hacia la Santa Muerte.
 Con su voz impregnada de sinceridad, pronuncia el juramento de lealtad, en un acto sublime de entrega y compromiso.

JURAMENTO DE LEALTAD DEL NUEVO INICIADO

"Mi querida santa muerte, ante tu mística presencia me postro ante ti en este sagrado momento para expresar mi juramento de lealtad y devoción, En tu presencia divina reconozco tu poder y sabiduría, y me entrego por completo a tu guía y protección.

Prometo caminar en la senda de la luz y el amor, siguiendo tus enseñanzas con fidelidad y respeto, Acepto que mi vida estará entrelazada con tu divinidad y que tu presencia será mi guía en cada paso que dé.

Me comprometo a cultivar la compasión, la bondad y la sabiduría en mi ser, reflejando así tu esencia amorosa en cada acto y pensamiento.

Prometo honrarte y adorarte con devoción sincera, dedicando tiempo y esfuerzo a profundizar mi conexión contigo. A través de la práctica de rituales, oraciones, plegarias y ofrendas, te brindaré mi gratitud y mi amor reconozco que tu presencia divina trasciende la dualidad de la vida y la muerte. Acepto que, al final de mi existencia terrenal, me abrazarás con amor y me guiarás hacia la eternidad.

Que mi juramento sea escuchado y aceptado por ti, Santa Muerte, y que tu bendición y protección me acompañen en cada paso de mi camino espiritual. En tu nombre, hago este juramento de lealtad y amor. Que así sea.

Amen.."

Con cada palabra pronunciada, el devoto sella su compromiso y entrega absoluta a la Santa Muerte. Este juramento es un lazo sagrado que une al devoto con la divinidad, estableciendo una conexión profunda y duradera basada en el amor, la fidelidad y la devoción hacia la Santa Muerte.

La vida del nuevo devoto iniciado en el culto a la Santa Muerte se verá transformada de manera profunda y significativa. A medida que avanza en su camino de devoción, experimentará una conexión más profunda con la divinidad y una comprensión más clara de los misterios de la vida y la muerte.

La presencia de la Santa Muerte en la vida del devoto será constante y tangible. Sentirá su energía protectora y su guía en cada paso que dé. La Santa Muerte se convertirá en su compañera fiel, siempre lista para escuchar sus plegarias y brindarle apoyo en momentos de dificultad.

El devoto encontrará en el culto a la Santa Muerte un sentido de propósito y significado.

La devoción y el servicio a la divinidad se convertirán en el centro de su existencia, guiándolo en la toma de decisiones y en la forma en que vive su vida.

La moralidad y los valores del culto se convertirán en su brújula, ayudándolo a seguir un camino de bondad, compasión y respeto hacia todos los seres vivos y sus semejantes.

La vida del devoto estará marcada por una profunda espiritualidad, Encontrará consuelo y paz interior en la comunión con la Santa Muerte, a través de la meditación, la oración y los rituales sagrados.

Su práctica espiritual se convertirá en un faro que ilumina su camino, recordando constantemente su conexión con la divinidad de la Santa Muerte.

El devoto también experimentará un crecimiento personal y un mayor autoconocimiento a medida que profundiza en su relación con la Santa Muerte.

A través de la introspección y la reflexión, aprenderá a reconocer y enfrentar sus propias sombras y limitaciones. La Santa Muerte se convertirá en su aliada en el proceso de transformación y sanación, ayudándolo a liberarse de cargas emocionales y a encontrar la plenitud en su ser.

La vida del devoto iniciado en el culto a la Santa Muerte estará impregnada de gratitud y humildad. Reconocerá que todas las bendiciones y los desafíos que enfrenta son lecciones y regalos de la divinidad. Aprenderá a valorar cada experiencia, cada relación y cada momento como oportunidades para crecer y evolucionar espiritualmente.

En resumen, la vida del nuevo devoto iniciado en el culto a la Santa Muerte estará imbuida de una profunda conexión con la divinidad y una comprensión más clara de la vida y la muerte.

EL NUEVO CAMINO DEL DEVOTO

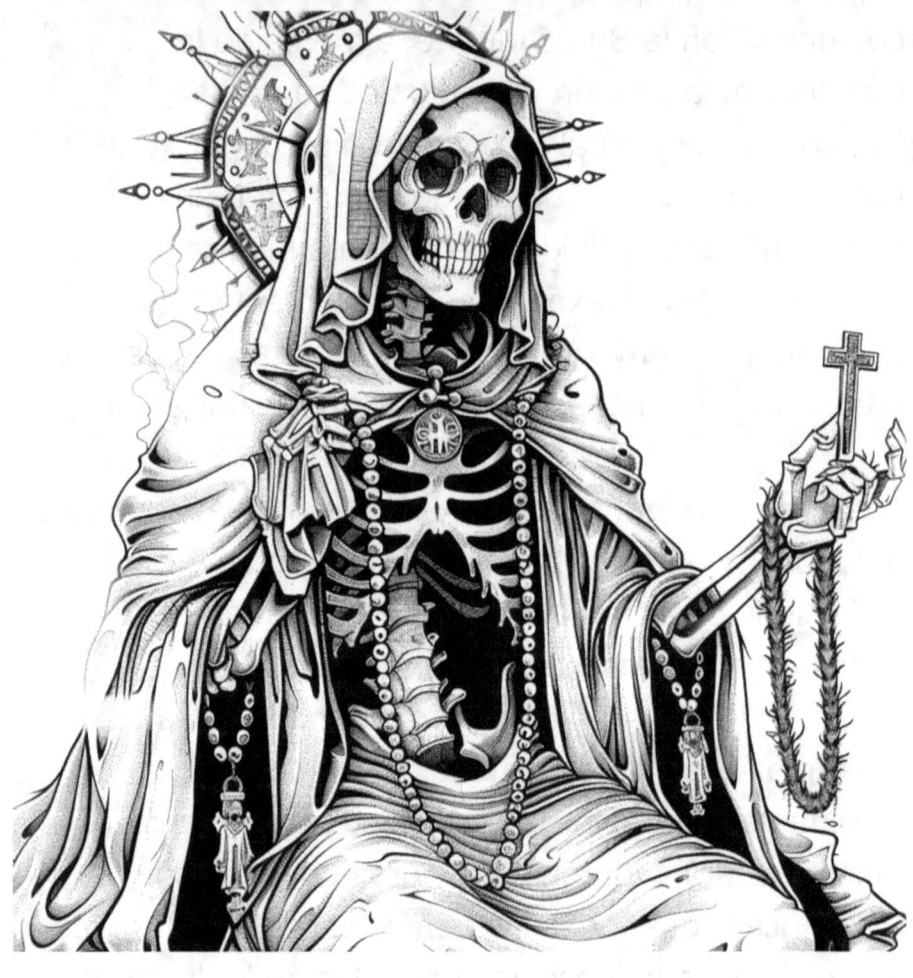

　La iniciación marca el comienzo de un nuevo camino en la vida del nuevo devoto.
Después de la iniciación, es importante que el devoto mantenga su compromiso y práctica devocional.
 Esto implica continuar con las oraciones, ofrendas y rituales dedicados a la Santa Muerte, así como mantener una conexión constante y sincera con su energía y presencia.

Además, el devoto puede buscar una mayor comprensión y conocimiento sobre la Santa Muerte a través de la investigación, la lectura de libros y la participación en comunidades de devotos.
Esto puede ayudar a profundizar la relación con la Santa Muerte y a ampliar la comprensión de su simbolismo y enseñanzas.

El devoto también puede experimentar un mayor sentido de propósito y dirección en su vida.
A medida que se desarrolla la relación con la Santa Muerte, el devoto puede recibir orientación y apoyo en la toma de decisiones, la superación de desafíos y la búsqueda de metas y aspiraciones.

Es importante recordar que el camino después de la iniciación es único para cada devoto y puede variar en función de sus necesidades y experiencias individuales.
 La Santa Muerte, en su sabiduría y compasión, guiará al devoto en su camino y brindará su protección y bendiciones a lo largo de su jornada espiritual.
De aqui en adelante el nuevo devoto iniciado comenzara a interactuar con La Santa Muerte a traves de rituales, oraciones y peticiones que le permitan sentir su poderosa energia mistica.
El devoto debera de cumplir con los rituales de preparacion establecidos antes de realizar por primera vez **"LA GRAN INVOCACION."**

"LA GRAN INVOCACION"

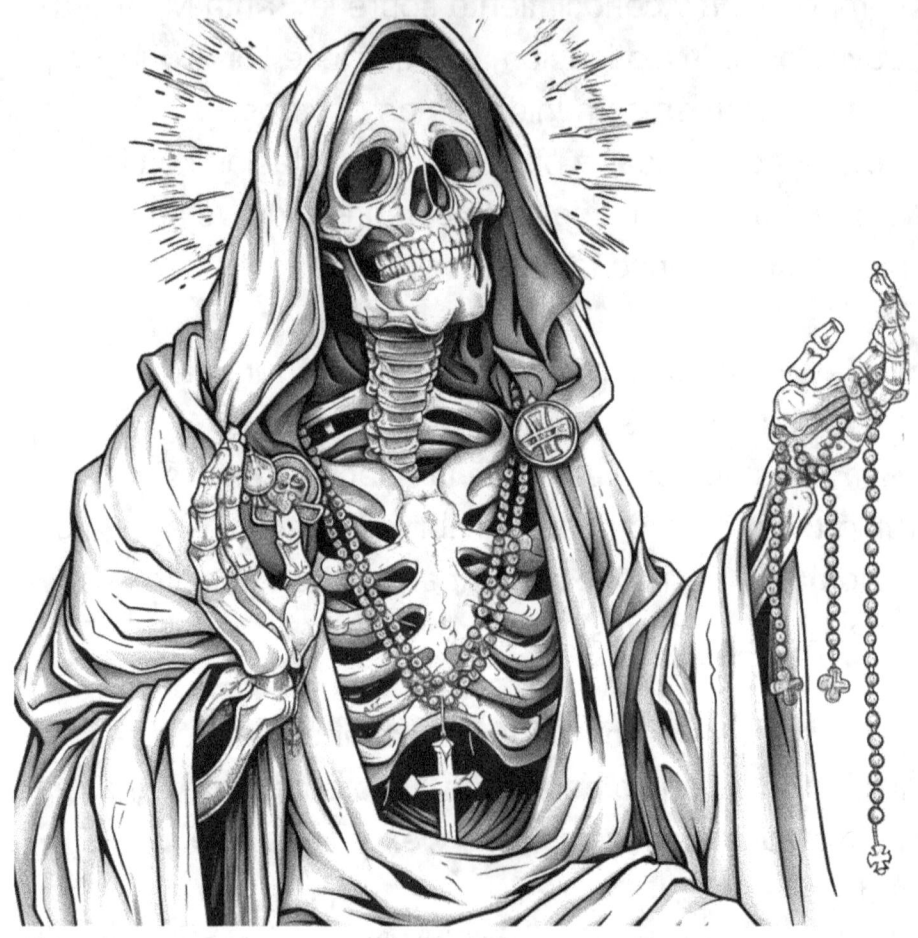

    Después de la ceremonia de iniciación, el nuevo devoto, puede comenzar a explorar e iniciar su primer contacto y descubrir la poderosa energía que emana La Santa Muerte a través de la de
"La Gran Invocación".

La gran Invocación es un acto ceremonial que busca establecer por primera vez, la conexión más profunda con la energía y la presencia de la Santa Muerte con su nuevo devoto.

El aprendiz puede prepararse para la Gran Invocación creando un espacio sagrado y tranquilo donde se sienta cómodo y en armonía.

Puede encender velas, incienso u otras ofrendas que sean significativas para él y la Santa Muerte. También puede utilizar símbolos o imágenes que representen a la Santa Muerte en su altar o espacio de devoción.

Durante la Gran Invocación, el aprendiz puede recitar una oración o mantra específico que se sienta adecuado para invocar la presencia y la energía de la Santa Muerte.
Puede expresar atraves de sus Oraciones Súplicas o Peticiones así como sus intenciones y deseos con sinceridad y devoción, buscando su guía, protección y ayuda en su camino espiritual.

Es importante recordar que la Gran Invocación es una práctica personal y cada aprendiz puede adaptarla a sus propias creencias y preferencias.

Algunos aprendices pueden preferir seguir una estructura más tradicional, mientras que otros pueden elegir una aproximación más intuitiva y personalizada.

A través de esta práctica, el aprendiz busca establecer por primera vez una conexión más profunda y recibir su guía y bendiciones en el inicio de su camino espiritual.

"ORACION DE LA GRAN INVOCACION"

Con reverencia y devoción, enciendo las velas en el altar,
dejando que su luz ilumine mi camino.
Con cada llama que danza, invoco la divina presencia de La
Santa Muerte.

Oh, Santa Muerte, madre y protectora,
Escucha por primera vez mi llamado, en esta hora.
Con humildad y respeto te invoco,
Para que guíes mi camino con amor y enfoque.

En tus manos de eterna sabiduría,
Depositó mis deseos con alegría.
Que tu presencia divina me envuelva,
Con tu fuerza y protección, mi alma resuelva.

Oh, Santa Muerte, amiga y confidente,
Concede tu gracia y bendición en este instante.
Libérame de las cargas del pasado,
Y ayúdame a encontrar mi destino trazado.

En este altar por primera vez te ofrezco mi devoción,
Con flores, ofrendas y símbolos de admiración.
Acepta mi regalo con amor y gratitud,
Y permíteme sentir tu divina presencia en plenitud.

Oh, Santa Muerte, escucha mi súplica escucha mi plegaria,

Oh, Santa Muerte, escucha mi súplica escucha mi plegaria,
Concédeme tu guía en cada jornada.
Bendíceme con tu protección y luz,
Y permíteme vivir a tu lado en paz y plenitud.
Con devoción sincera y en tu honor, mi Santa Muerte,

Te invoco con fe y amor, en este verso
que yo te ofrezco.

Que tu divina presencia nunca me abandone,
En tus benditas manos, mi destino yo pongo.

Niña Blanca, Flaquita, Madrina de las almas,
Tu nombre resuena en mis oraciones y en mis palmas.
Calaquita, Huesuda, Dama de las Sombras,
Tu protección y guía son mis más anheladas obras.

En cada paso que dé, en cada sendero que recorra,
Oh, Santa Muerte, tu presencia siempre me socorra.
Acompáñame hoy y en cada día venidero,
En tu bendito nombre, mi fe y devoción te reitero.

Que así sea, en tu nombre sagrado mi Santa Muerte,
Que tu amor y protección sean mi fuerte.
Que en cada momento, en cada instante,
Tu luz y bendiciones sean mi constante.

Amén.

Este es un ejemplo de gran invocación,cuando la uses utiliza palabras de respeto, humildad y devoción para llamar a la divina presencia de la Santa Muerte.

durante este acto se ofrecen ofrendas, se expresan deseos se solicitan favores se realizan plegarias y se pide su guía y protección.
Todo ello con la intención de establecer una conexión profunda con su energía y recibir sus bendiciones.

Aquellos que se acercan a Ella con el corazón puro y la mente abierta, pronto descubren que la Santa Muerte no es sólo una figura de temor, sino una guía amorosa que nos conduce a través de los misterios de la existencia.
Pues Ella es la Reina de los Dos Mundos, la que nos permite transitar entre lo visible y lo invisible, abrazando el flujo natural de la vida.

NOTA: cada devoto debe moldear su relación con la Santa Muerte de acuerdo a su sentir y devoción personal.
Pues Ella se manifiesta de innumerables formas, adaptándose a las necesidades espirituales de cada Devoto y sus necesidades.

COMO SE LE PIDEN FAVORES A LA SANTA MUERTE

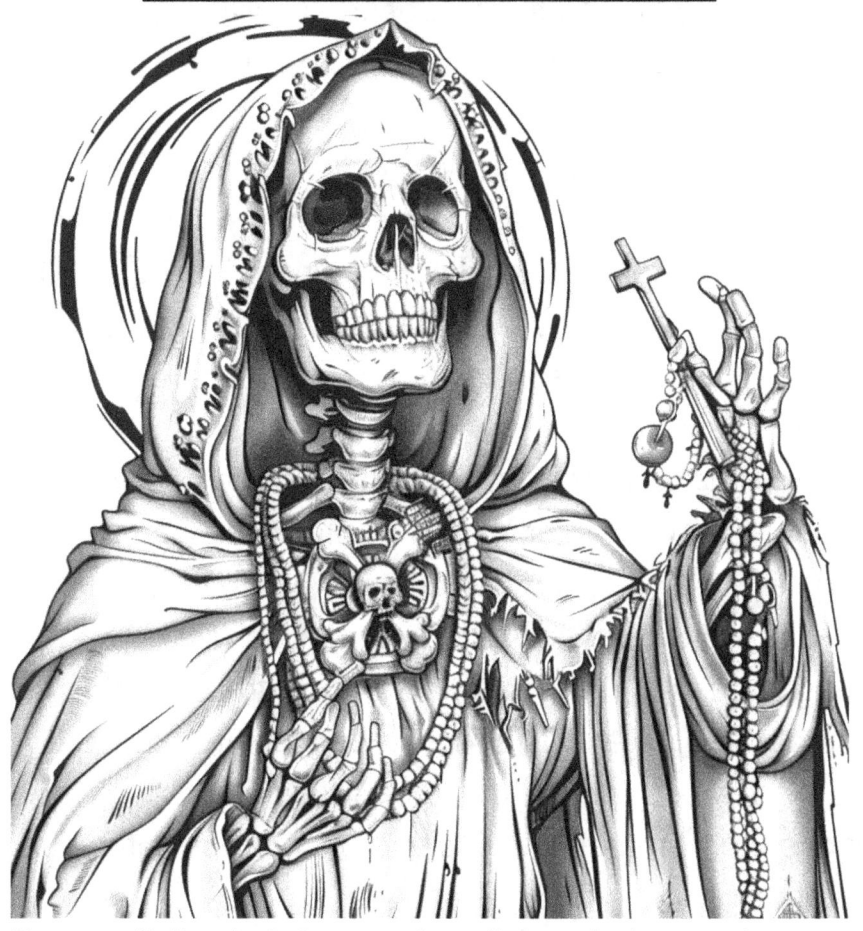

Para solicitar la intervencion divina de La santa Muerte o solicitar algún favor se debe de hacer a traves de las formas adecuadas, esto para que ella pueda escuchar nuestras necesidades y peticiones.
Existen diferentes formas de solicitar favores, estas se solicitan a través de Súplicas y Peticiones, Oraciones y Rezos, Rituales y Ofrendas, además de Novenas, Semanarios y Promesas, Mandas, Etc.

Las súplicas: son expresiones de profundo deseo y necesidad que se hacen a la Santa Muerte con gran humildad y urgencia.

Las suplicas que se hacen desde el corazón, implorando su intervención divina en situaciones difíciles o desafiantes.

Las súplicas suelen estar relacionadas con circunstancias extremas, como enfermedades graves, peligros inminentes o crisis emocionales. Se busca la intervención directa y urgente de la Santa Muerte para brindar protección, sanación o resolución a la situación problemática.

Las peticiones: por otro lado, las peticiones son solicitudes que se hacen a la Santa Muerte para obtener ayuda, guía o bendiciones en diferentes aspectos de la vida. Pueden ser peticiones relacionadas con el amor, la salud, el trabajo, la prosperidad, la armonía familiar, entre otros. Estas peticiones pueden ser más generales y no necesariamente estar relacionadas con una situación de emergencia o crisis inmediata.

Durante las Peticiones se busca la influencia positiva y el apoyo de la Santa Muerte para alcanzar un objetivo o mejorar una situación en particular.

Oraciones y Rezos: Las oraciones son una forma común de solicitar favores a la Santa Muerte. Puedes recitar oraciones tradicionales que han sido utilizadas durante generaciones, o puedes crearlas con tus propias palabras desde el corazón.

Durante la oración, expresa tus necesidades y deseos con sinceridad y fe, pidiendo la intercesión de la Santa Muerte para obtener su protección y ayuda.

Rituales y ofrendas: Los rituales son una forma más elaborada de comunicarse y solicitar favores a la Santa Muerte. Puedes realizar un ritual específico, siguiendo un conjunto de pasos y usando elementos simbólicos como velas, inciensos, agua bendita, imágenes de la Santa Muerte o cualquier otro objeto que consideres adecuado.

Durante el ritual, enfoca tu atención en la Santa Muerte, expresa tus peticiones y ofrécele una ofrenda como muestra de respeto y gratitud.

Novenas Semanarios y promesas(Mandas): Una novena o un Semanario es una práctica devocional en la que se realiza una serie de oraciones durante Siete o nueve días consecutivos.
Puedes realizar un semanario o una novena a La Santa Muerte, recitando oraciones específicas cada día y manteniendo una actitud de devoción y fe.

También puedes hacer **Promesas o Mandas a La Santa Muerte,** comprometiéndote a realizar ciertas acciones o cambios en tu vida a cambio de su Protección,Bendicion o Ayuda.

Peticiones personales: Además de las prácticas mencionadas anteriormente, también puedes hacer peticiones personales a la Santa Muerte. En un momento de tranquilidad y concentración, habla en silencio o en voz baja con la Santa Muerte, expresando tus necesidades y deseos con sinceridad y confianza en su poder. Puedes pedirle protección, amor, salud, prosperidad o cualquier otro favor que consideres importante en tu vida.

Tanto las súplicas como las peticiones son expresiones de confianza y devoción hacia la Santa Muerte, buscando su intervención y bendiciones en la vida del devoto. Sin embargo, las súplicas se caracterizan por su sentido de urgencia y necesidad extrema, mientras que las peticiones pueden ser más amplias y relacionadas con diferentes aspectos de la vida cotidiana.

Es importante recordar que tanto las súplicas como las peticiones deben ser expresadas con sinceridad, humildad y respeto hacia la Santa Muerte. La conexión con ella se basa en una relación de confianza y devoción, y cada devoto puede elegir cómo expresar sus súplicas y peticiones de acuerdo con sus necesidades y creencias personales.

Para solicitar un favor a la Santa Muerte a través de una súplica o una petición es importante hacerlo con respeto, devoción y sinceridad.

Aquí te describo una forma de hacerlo:

1. Prepara tu espacio: Enciende una vela blanca o de color dependiendo de el tipo de peticion que desees realizar de acuerdo a la lista de colores anteriormente mencionada,prepara tu altar con los elementos necesarios que puedan servir para realizar tu peticion,fotografias incienso,velas ofrendas y todo lo necesario para Iniciar con tu peticion.

2. Enfócate en tu intención: Antes de comenzar, clarifica en tu mente y en tu corazón cuál es el favor que deseas solicitar. Sé específico y conciso en tu petición.

3. Expresa tu devoción: Inicia la comunicación con la Santa Muerte expresando tu devoción y respeto. Puedes hacerlo con una oración inicial o palabras desde el corazón.

4. Explica tu necesidad o favor deseado: Detalla claramente el favor que deseas pedir, explicando la situación y la necesidad que tienes.
Sé honesto y sincero en cada una de tus palabras.

5. Pide su intervención: Pide a la Santa Muerte que intervenga y te brinde su ayuda, protección o guía en relación al favor que solicitas. Hazlo con humildad y confianza en su poder divino a traves de la siguiente Oracion.

ORACION PARA SOLICITAR UN FAVOR O UNA NECESIDAD A LA SANTA MUERTE

Oh, Santa Muerte, poderosa y compasiva,
En esta hora de necesidad desconsuelo, te ruego con humildad tu divina presencia.

Acudo a ti con fe y devoción, buscando tu Misericordiosa ayuda,
Sabiendo que eres la protectora de los afligidos y desamparados.

En tus manos, Santa Muerte, deposito mi petición y ruego con fe,
Te pido que escuches mis plegarias suplicas y necesidades con comprensión.

(Expresa aquí de manera clara tu Favor o Necesidad)

Te imploro, Santa Muerte, que intercedas por mí,
Que ilumines mi camino y me guíes hacia la solución de mi petición.

Si me concedes este favor, mi gratitud será eternamente dada.
Te agradezco por tu atención y por escuchar mi plegaria,
Que tu poderosa manto me bendiga hoy y siempre.
Amén.

Recuerda que la forma de invocar la presencia de la Santa Muerte puede variar según tus creencias y prácticas personales. Esta oración solo es un humilde ejemplo de una invocación y siempre podrá ser adaptada de acuerdo a tus necesidades, lo importante es hacerlo desde el corazón con sinceridad y respeto hacia La Santa Muerte.

5. Muestra tu gratitud: Agradece de antemano a la Santa Muerte por su atención y disposición para ayudarte. Reconoce su poder y bondad en tu vida.

7. Finaliza con una despedida: Cierra tu solicitud dándole las gracias nuevamente y mostrando tu respeto al terminar la comunicación. Puedes hacerlo con una oración de despedida o palabras de gratitud. Al finalizar las peticiones a la Santa Muerte,

8.Oracion de despedida: el corazón de una oración de despedida puede expresar gratitud, devoción y confianza en la bondad y protección de la Santa Muerte. Aquí tienes un ejemplo de una oración de despedida:

"ORACION DE DESPEDIDA"

Con devoción y gratitud, me despido en tu honor,
Oh, Santa Muerte, protectora y guía en mi andar.
Que tu presencia divina siempre me acompañe,
En cada paso, en cada momento, en cada lugar.

Niña Blanca, Madrina, Dama de las Sombras,
Tu nombre reverencio con amor en mis palabras.
En tu bendito nombre, confío y pongo mi fe,
Que tus bendiciones perduren para siempre en mi ser.

En tus manos poderosas, dejo mis anhelos y deseos,
Sabiendo que tu sabiduría y bondad siempre me protegen.
Que tu luz ilumine mi camino y mi corazón,
Y en cada desafío, encuentre fuerza y bendición.

Gracias, Santa Muerte, por escuchar mi súplica,
Por tu amor incondicional y tu guía tan única.
Te ruego que siempre estés conmigo, cerca y presente,
En cada día, en cada noche, en cada instante.
Amén.

"ORACIÓNES PARA SOLICITARLE FAVORES A LA SANTA MUERTE"

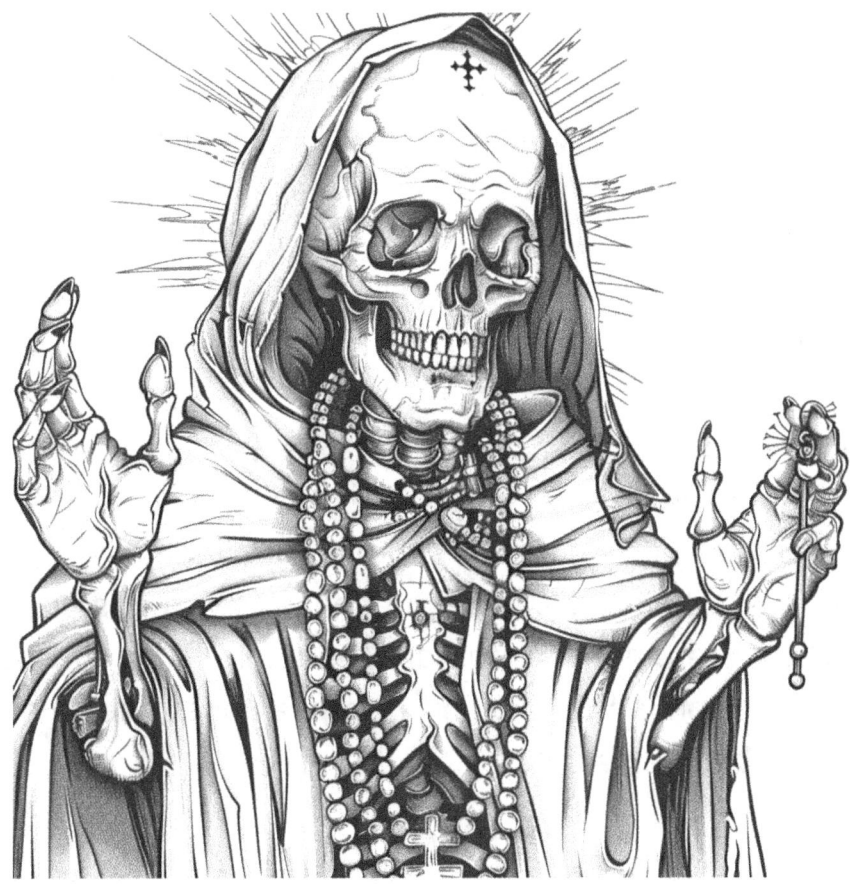

Mis queridos devotos, a continuacion les presento un conjunto de oraciones místicas dedicadas a La Santa Muerte para solicitarle sus Bendiciones,
 Favores o Necesidades.
Estas Poderosas Oraciones te brindaran una guía espiritual para tu conexión mistica con La Santa Muerte al momento de solicitar un favor o peticion.

Las oraciones místicas son una parte fundamental de nuestra devoción a la Santa Muerte. A través de ellas, nos comunicamos con su energía divina y expresamos nuestras peticiones, agradecimientos y deseos más profundos.

Cada oración mística a la Santa Muerte es única y poderosa, y se utiliza para diferentes propósitos y situaciones. Al recitar estas oraciones con devoción y fe, establecemos un vínculo íntimo con la Santa Muerte y abrimos las puertas para recibir su bendición y protección.

Las oraciones místicas pueden ser recitadas en momentos de necesidad, para pedir ayuda en situaciones difíciles o para expresar gratitud por los favores recibidos. También pueden ser utilizadas en rituales y ceremonias sagradas, para fortalecer nuestra conexión con la Santa Muerte y aumentar su presencia en nuestras vidas.

Es importante recordar que las oraciones místicas deben ser recitadas con respeto y sinceridad. Debemos expresar nuestras necesidades y deseos con humildad y confianza, confiando en la sabiduría y el poder de la Santa Muerte para escuchar nuestras peticiones y responder de acuerdo a su voluntad divina.

Al recitar estas oraciones, podemos utilizar símbolos y palabras sagradas que representen nuestra reverencia hacia la Santa Muerte. Cada palabra y cada frase tienen un significado profundo y nos conectan con su energía divina.
Recuerden que la forma de invocar la presencia de La Santa Muerte puede variar según tus creencias y prácticas personales.

Estas Oraciónes solo son un humilde ejemplo de un servidor y siempre podrán ser adaptadas de acuerdo a tus necesidades, lo importante es hacerlo desde el corazón con sinceridad y respeto hacia La Santa Muerte.
Nota Aclaratoria: Todas las Oraciones que presento a continuacion estan escritas en un formato neutral,queda a consideracion de cada devoto adaptarlas ya sea al estilo Chamanico tradicional,o con un enfoque Catolico Cristiano,por favor sientanse libres de adaptarlas o hacerlas personales segun consideren su devocion y practica personal.
Es importante aclarar que **Una Plegaria** es una forma de comunicación verbal o escrita con la Santa Muerte, donde expresamos nuestras peticiones, agradecimientos o deseos. Por otro lado,
Un Poderoso Ritual, es un conjunto de acciones y pasos específicos que se realizan con el propósito de manifestar un deseo o solucionar un problema en particular.

Oracion de Protección: a traves de esta oracion le Pedimos a la Santa Muerte que nos proteja de cualquier peligro, tanto físico como espiritual.

"Oh, Santa Muerte, protectora divina"
Solicito tu amparo en este camino de vida.
Envuélveme con tu manto sagrado,
Y guarda mi ser de todo mal y pecado.

Con tu poderosa presencia, oh Santa Muerte,
Rechaza las energías negativas que me acechen.
Protege mi cuerpo, mi mente y mi espíritu,
Con tu luz radiante y tu fuerza infinita.

Escucha mi súplica, oh Santa Muerte amada,
Defiéndeme de las amenazas y la adversidad.
Aleja los peligros que se acerquen a mí,
Con tu poder invencible, hazlos huir.

Oh, Santa Muerte, guardiana incansable,
Te ruego que me mantengas invulnerable.
Protege mi hogar, mi familia y seres amados,
Que con tu amor y poder,
siempre los resguardes.

Con humildad y devoción, te imploro, Santa Muerte,
Que tu protección sea mi escudo mas fuerte.
Gracias por tu bondad y por escuchar mi clamor,
Que tu amparo divino me acompañe en cada albor.
Que así sea. Amen

Oracion para Bendecir Articulos personales: a traves de esta oracion le Pedimos a La Santa Muerte que bendiga nuestros articulos personales:Dijes Estampas,Escapularios,Medallas,Etc asi como todo articulo relacionado con su imagen

"Oh, Santa Muerte, protectora y bendita"
Te imploro con humildad y devoción en mi oración.
Derrama tus bendiciones sobre cada artículo relacionado con tu imagen,
Que sean santificados y llenos de tu poder divino.

Con tu poderosa influencia, oh Santa Muerte,
Llena de energía sagrada cada imagen y estatua tuya.
Que irradien tu protección y tu amor incondicional,
Y que sean canales de conexión con tu presencia divina.

Oh, Santa Muerte, guardiana de tus seguidores,
Bendice cada artículo que lleva tu imagen y nombre.
Que sean portadores de tu protección y bendiciones,
Y que inspiren a todos a buscar tu guía y amor eterno.
Infunde tus bendiciones en los rosarios y las medallas,
Que sean amuletos de protección y fortaleza.

Concede, Santa Muerte, tu divina bendición,
A todos los artículos relacionados con tu imagen.
Que tu presencia sagrada los envuelva y los proteja,
Y que sean instrumentos de tu amor y protección en cada momento.

Amen...

Oracion para solicitar Salud y Bienestar: A traves de esta oracion Solicitamos su ayuda para sanar enfermedades y mantenernos saludables en cuerpo y mente.

"Oh, Santa Muerte, divina sanadora"
Te ruego con humildad por salud y bienestar.
Envuelve mi cuerpo en tu manto sagrado,
Sana mis heridas, alivia mi pesar.

Con tu poderosa energía, oh Santa Muerte,
Elimina las enfermedades que me aquejan.
Restaura mi vitalidad, renueva mi fuerza,
Que la salud florezca en cada célula que se despierta.
Concede claridad y equilibrio a mi mente,
Libérame de la angustia y la aflicción.
Que la paz y la serenidad me envuelvan,
Y la salud plena sea mi bendición.

Oh, Santa Muerte, sanadora compasiva,
Derrama tus bendiciones sobre mi cuerpo y alma.
Que la vitalidad y el bienestar me acompañen,
Y que la enfermedad no tenga cabida en mi morada.

Te suplico, Santa Muerte, con fe y devoción,
Que mi salud sea restaurada por tu intercesión.
Gracias por tu amor y tu poder sanador,
Que la salud y el bienestar sean mi eterna canción.
Que sí sea...
Amen

Oracion para Solicitar Amor: A traves de esta Oracion le pedimos su intervención para encontrar el amor verdadero, fortalecer relaciones existentes o superar desafíos en el ámbito amoroso.

"Oh, Santa Muerte, amorosa protectora"
Escucha mi ruego y atiende mi súplica sincera.
Dame el don del amor verdadero y profundo,
Que mi corazón encuentre un compañero
en este mundo.

Con tu poderosa energía, oh Santa Muerte,
Atrae a mi vida el amor puro y sincero.
Que el vínculo sagrado se forje con pasión,
Y que el amor florezca, llenando mi corazón.

Oh, Santa Muerte, guíame en el camino del amor,
Hazme merecedor de un amor sincero y fervor.
Que el respeto y la confianza sean su fundamento,
Y que juntos caminemos unidos en cada momento.

Concede sabiduría en el amor y la comprensión,
Que el amor sea un lazo de alegría y unión.
Que se abran los corazones y florezca la pasión,
Bajo tu amparo divino, oh Santa Muerte, en cada estación.
Gracias, Santa Muerte, por escuchar mi plegaria,
Por tu amor incondicional y tu guía necesaria.
Que el amor llegue a mi vida con tu bendición,
Y que sea eterno, llenándome de satisfacción.
Amen..

Oracion para la Prosperidad: A traves de esta Oracion buscamos su apoyo para atraer la abundancia financiera y la estabilidad económica a nuestras vidas.

"Oh, Santa Muerte, generosa proveedora"
Te imploro con fervor por la prosperidad anhelada.
Bendice mi camino con abundancia y éxito,
Que la fortuna y la riqueza se multipliquen a mi lado.

Con tu poderosa influencia, oh Santa Muerte,
Atrae hacia mi oportunidades y prosperidad.
Despeja los obstáculos que me impiden avanzar,
Y guíame hacia la plenitud económica sin igual.

Infunde en mi sabiduría y visión financiera,
Para tomar decisiones acertadas y seguras.
Que mis esfuerzos sean recompensados con creces,
Y que la prosperidad fluya en todas mis empresas.

Oh, Santa Muerte, dadora de bendiciones materiales,
Haz que la abundancia se manifieste en mis manos.
Que mis proyectos sean fructíferos y prósperos,
Y que la estabilidad económica sea mi legado.

Gracias, Santa Muerte, por tu intercesión divina,
Por bendecirme con la prosperidad que se avecina.
Que mi camino esté siempre lleno de prosperidad,
Bajo tu guía y protección, en cada etapa de mi caminar.
Amen..

Oracion para Solicitar Trabajo: A traves de esta Oracion solicitamos su guía para encontrar empleo, mejorar nuestras habilidades laborales o alcanzar el éxito Laboral o Profesional.

"Oh, Santa Muerte, poderosa patrona del trabajo"
Te ruego con humildad y devoción en este momento.
Ayúdame a encontrar un empleo digno y estable,
Que en mi vida se abran las puertas del sustento.

Con tu poderosa influencia, oh Santa Muerte,
Atrae hacia mí oportunidades laborales de valor.
Guíame en mi búsqueda, ilumina mi camino,
Y permite que el trabajo llegue a mí con honor.

Libérame de la incertidumbre y la preocupación,
Dame confianza y sabiduría en las entrevistas.
Que mis habilidades y talentos sean reconocidos,
Y que en el trabajo encuentre realización y conquistas.

Concede, Santa Muerte, un ambiente laboral armonioso,
Que prevalezca la colaboración y el respeto mutuo.
Que mi trabajo sea valorado y apreciado,
Y que en él encuentre satisfacción y gratitud perpetuo.

Gracias, Santa Muerte, por escuchar mi súplica,
Por tu guía y protección en mi búsqueda laboral.
Que el trabajo llegue a mí con tu bendición divina,
Y que sea un medio de crecimiento y realización personal.
Amen...

Oracion para para Solicitar Paz Familiar: A traves de esta Oracion le pedimos su intervención para resolver conflictos familiares, promover la armonía y el entendimiento entre los seres queridos.

"Oh, Santa Muerte, protectora de los lazos familiares"
Te imploro con humildad y amor en mis plegarias.
Derrama tu paz sobre mi hogar y seres queridos,
Que reine la armonía y la tranquilidad en nuestras vidas.

Con tu poderosa presencia, oh Santa Muerte,
Disipa las tensiones y los conflictos en mi familia.
Sana las heridas del pasado y renueva los lazos y,
Que el perdón y la comprensión sean nuestra guía.

Infunde en nosotros amor y respeto mutuo,
Que la comunicación fluya de manera clara y sincera.
Que cada miembro de la familia se sienta valorado,
Y que la paz reine en cada rincón de nuestra morada.

Concede, Santa Muerte, sabiduría en los desafíos,
Para resolver conflictos y encontrar soluciones.
Que la paz prevalezca en nuestras conversaciones,
Y que el entendimiento mutuo sea nuestra bendición.

Gracias, Santa Muerte, por tu intercesión amorosa,
Por velar por la paz en mi hogar y en mi familia.
Que tu presencia sagrada nos guíe y proteja,
Y que la paz familiar sea nuestro mayor tesoro.

Amen..

Oracion para para Solicitar Proteccion Legal: Con esta Oracion le pedimos su ayuda para resolver problemas legales o enfrentar situaciones judiciales de manera justa y favorable.

"Oh, Santa Muerte, poderosa guardiana de la justicia"
Te imploro con humildad y fe en mi súplica.
Protege mi ser en cuestiones legales y jurídicas,
Que tu manto sagrado me ampare de toda malicia.

Con tu poderosa influencia, oh Santa Muerte,
Disipa las sombras y las falsas acusaciones.
Guíame por el camino de la verdad y la equidad,
Y que la justicia prevalezca en todas mis acciones.

Ilumina mi mente con sabiduría y discernimiento,
Para tomar decisiones acertadas y justas.
Que mi defensa sea firme y con fundamentos,
Y que la protección legal sea mi escudo en todas las luchas.

Oh, Santa Muerte, defensora de los desamparados,
Intercede por mí en el sistema legal y jurídico.
Que la verdad sea evidente y mi inocencia resalte,
Y que la protección legal me acompañe en cada paso.

Gracias, Santa Muerte, por tu protección divina,
Por ser mi guía en los asuntos legales y jurídicos.
Que tu presencia sagrada me envuelva y proteja,
Y que la protección legal sea mi mayor beneficio.
Así sea. **Amen**...

Oracion para para Superar Adicciones: Con esta Oracion Pedimos su apoyo para vencer las adicciones y hábitos destructivos que nos impiden vivir una vida plena.

"Oh, Santa Muerte, poderosa sanadora de las adicciones"
Te imploro con humildad y determinación en mis plegarias.
Libérame de las cadenas que atan mi voluntad,
Ayúdame a superar las adicciones y renacer en libertad.

Con tu poderosa energía, oh Santa Muerte,
Despierta en mí el valor y la fuerza para resistir.
Ilumina mi camino hacia la recuperación y la sanación,
Y que mi espíritu se eleve, dejando atrás
ese oscuro abismo de maldicion.

Libérame de la dependencia y el deseo insano,
Fortalece mi determinación y mi autocontrol.
Que la serenidad y la paz llenen mi ser,
Y que la adicción sea solo un recuerdo lejano.

Oh, Santa Muerte, guíame siempre en el camino
hacia la sobriedad,
Acompáñame en cada paso de mi proceso de curación.
Que encuentre en ti fortaleza y consuelo,
Gracias, Santa Muerte, por tu amor incondicional,
Por ser mi guía en el camino hacia la recuperación.
Que tu presencia sagrada me proteja y me inspire,
Y que la superación de las adicciones sea mi mayor logro.
Así sea. **Amen**...

Oracion para para la Fertilidad: A traves de esta OracionBuscamos su bendición para concebir y tener un embarazo saludable, o para encontrar el camino de la adopción y la crianza amorosa.

"Oh, Santa Muerte, bendita protectora de la vida"
Te imploro con humildad y esperanza en mi oración.
Dame el don de la fertilidad tan anhelado,
Que mi vientre se llene de vida y bendición.

Con tu poderosa influencia, oh Santa Muerte,
Despierta en mí la fuerza de la maternidad.
Elimina los obstáculos que impiden la concepción,
Y permite que el milagro de la vida se manifieste
en mi realidad.

Infunde en mí la fertilidad y la abundancia,
Que mis deseos de ser madre se hagan realidad.
Llena mi hogar con risas de niños y alegría,
Y que la bendición de la familia se multiplique sin cesar.

Que la esperanza y la fe sean mis compañeras,
Y que la fertilidad sea una realidad en mi existencia.

Gracias, Santa Muerte, por escuchar mi plegaria,
Por tu amor y protección en mi búsqueda de la fertilidad.
Que tu presencia divina me envuelva y me guíe,
Y que el regalo de la vida florezca en mi ser con tu bendición.

Amen...

Oracion para para la Estabilidad emocional: A traves de esta Oracion le solicitamos su ayuda para superar la tristeza, la ansiedad y el estrés, y encontrar paz y equilibrio emocional.

Oh, Santa Muerte, guardiana de la estabilidad emocional
Te imploro con humildad y sinceridad en mi oración.
Bríndame serenidad en tiempos de turbulencia,
Y fortaleza para enfrentar los desafíos con determinación.

Con tu poderosa influencia, oh Santa Muerte,
Calma mi mente y equilibra mis emociones.
Libérame de la ansiedad y la angustia que me abruman,
Y permite que la paz interior sea mi mayor bendición.

Infunde en mí la sabiduría y la compasión,
Para entender mis emociones y las de los demás.
Que el amor y la empatía sean mi guía,
Y que la estabilidad emocional sea mi refugio constante.

Concede, Santa Muerte, la capacidad de soltar el pasado,
De perdonar y liberar las cargas emocionales.
Permite que la alegría y la paz reinen en mi ser,
Y que la estabilidad emocional sea mi mayor tesoro.

Gracias, Santa Muerte, por tu presencia sanadora,
Por ser mi guía en la búsqueda de la estabilidad emocional.
Que tu amor incondicional me envuelva y me proteja,
Y que la calma y la serenidad sean mi constante compañía.

Amen...

Oracion para para el Éxito Académico: A traves de esta Oracion Pedimos su guía para obtener buenos resultados en nuestros estudios y alcanzar nuestras metas educativas.

"Oh, Santa Muerte, sabia patrona del conocimiento"
Te imploro con humildad y devoción en mi plegaria.
Concede éxito académico en mi camino de aprendizaje,
Que mis esfuerzos sean recompensados con sabiduría y prosperidad.

Con tu poderosa influencia, oh Santa Muerte,
Ilumina mi mente y guía mis pasos en el estudio.
Dame claridad y comprensión en cada asignatura,
Y que la excelencia académica sea mi mayor atributo.

Fortalece mi voluntad y mi disciplina en el aprendizaje,
Ayúdame a superar obstáculos y desafíos con valentía.
Que la motivación y la perseverancia sean mis aliados,
Y que el éxito académico sea mi destino con tu bendición.

Concede, Santa Muerte, la sabiduría para aprobar exámenes,
Que mis esfuerzos se vean reflejados en mis logros.
Que cada conocimiento adquirido sea una herramienta,
Y que el éxito académico me abra puertas hacia un futuro esplendoroso.
Que tu presencia sagrada me inspire y me motive,
Y que el éxito académico sea mi mayor logro con tu divina bendición.
Amen...

Oracion para Viajes Seguros: Con esta Oracion Solicitamos su protección durante nuestros viajes, tanto dentro como fuera de nuestro país, para regresar sanos y salvos a nuestros hogares.

"Oh, Santa Muerte, guardiana de los viajeros"
Te imploro con humildad y devoción en mi oración.
Protege mi camino y mis pasos en cada viaje,
Que la seguridad y la protección sean mi constante compañía.

Con tu poderosa influencia, oh Santa Muerte,
Aleja los peligros y los obstáculos de mi camino.
Guíame por rutas seguras y libres de adversidades,
Y que la protección divina resguarde mi destino.

Envuélveme en tu manto sagrado de protección,
Aleja los accidentes y los contratiempos del camino.
Que cada vehículo en el que me transporte sea seguro,
Y que la protección divina me acompañe en cada destino.

Concede, Santa Muerte, la sabiduría y la intuición,
Para tomar decisiones acertadas en mis travesías.
Que mi intención sea clara y mi mente esté alerta,
Y que la protección divina me guarde en cada día.

Gracias, Santa Muerte, por tu amor y protección,
Por velar por la seguridad en mis viajes y travesías.
Que tu presencia sagrada me envuelva y me guíe,
Y que la protección divina sea mi mayor bendición.
Amen...

Oracion para Sanación Espiritual: Con esta Oracion buscamos su apoyo para sanar nuestras heridas emocionales y espirituales, y encontrar paz y conexión con lo divino.

"Oh, Santa Muerte, poderosa sanadora del espíritu"
Te imploro con humildad y fe en mi plegaria.
Envuelve mi ser en tu energía curativa y purificadora,
Que mi espíritu encuentre sanación y renovación.

Con tu poderosa influencia, oh Santa Muerte,
Limpia las heridas emocionales y las cargas del pasado.
Libérame de la negatividad y el dolor que me aflige,
Y permite que la sanación espiritual sea mi mayor regalo.
Ilumina mi camino hacia la paz interior y la armonía,
Ayúdame a encontrar la serenidad en tiempos de tribulación.

Que mi espíritu se fortalezca y se renueve,
Y que la sanación espiritual sea mi guía en cada estación.

Oh, Santa Muerte, guardiana de los corazones afligidos,
Protege mi espíritu de la desesperanza y la confusión.
Ayúdame a encontrar mi propósito y mi paz interior,
Y que la sanación espiritual sea mi mayor bendición.

Gracias, Santa Muerte, por escuchar mi plegaria,
Por tu amor y sanación en mi búsqueda espiritual.
Que tu presencia sagrada me envuelva y me proteja,
Y que la sanación espiritual sea mi mayor logro con tu divina bendición. ***Amen...***

Oracion para Alejar Enemigos: Con esta Oracion Buscamos su ayuda para alejar a personas negativas de nuestra vida y protegernos de cualquier energía malintencionada.

"Oh, Santa Muerte, poderosa protectora
contra los enemigos"
Te imploro con humildad y determinación en mi oración.
Aleja de mí a aquellos que buscan dañarme,
Que tu poder divino sea mi escudo ante cualquier adversidad.

Con tu poderosa influencia, oh Santa Muerte,
Disipa la energía negativa de mis enemigos.
Protege mi camino de malas intenciones y traiciones,
Y que la paz y la armonía sean mi constante compañia.

Envuelve mi ser en tu manto sagrado de protección,
Impide que los enemigos encuentren mi camino.

Que tu presencia ahuyente cualquier maldad o malevolencia,
Concede, Santa Muerte, la sabiduría y la intuición,
Para reconocer y evitar las trampas y los engaños.
Que mi mente esté alerta y mi espíritu esté protegido,
Y que la protección divina me resguarde en cada día.

Gracias, Santa Muerte, por tu amor y protección,
Por velar por mi seguridad y bienestar ante mis enemigos.
Que tu presencia sagrada me envuelva y me guíe,
Y que la protección divina sea mi mayor bendición.
Asi sea. **Amen**...

Oracion para Superar Obstáculos: Con esta Oracion Solicitamos su fortaleza para superar los obstáculos que se interponen en nuestro camino y alcanzar nuestras metas.

Oh, Santa Muerte, poderosa vencedora de obstáculos,
Te imploro con humildad y determinación en mi oración.
Dame fuerza y valentía para superar cada desafío,
Que tu luz divina ilumine mi camino hacia la superación.

Con tu poderosa influencia, oh Santa Muerte,
Rompe las cadenas que me atan a la adversidad.
Infunde en mi la determinación y la perseverancia,
Y que la victoria sobre los obstáculos sea mi mayor logro.

Guía mis pasos con tu sabiduría y compasión,
Ayúdame a encontrar soluciones en tiempos de dificultad.
Que tu presencia disipe el miedo y la duda en mi corazón,
Y que la superación de obstáculos sea mi constante inspiración.

Fortalece mi espíritu ante las pruebas que enfrento,
Permíteme aprender y crecer a través de los desafíos.
Que mi fe en ti sea mi escudo y mi guía,
Y que la superación de obstáculos sea mi mayor victoria.

Y que las barreras y obstáculos sea mi mayor logro
con tu divina bendición.

Amen...

Oracion para Casos Desesperados: Con esta Oracion pedimos su intercesión en momentos de Angustia y Desesperacion.

"Oh, Santa Muerte, poderosa y compasiva"
Te imploro con desesperación y humildad en mi oración.
Acudo a ti en busca de ayuda en este momento difícil,
Encomiendo mi vida a tu divina intervención.
En casos desesperados, oh Santa Muerte,
Te ruego que extiendas tu mano de auxilio hacia mí.
Que tu poder divino disuelva mis angustias y aflicciones,
Y que encuentre la solución a mis problemas sin salida.

Con tu poderosa influencia, oh Santa Muerte,
Rompe las cadenas que me atan a la desesperanza.
Infunde en mí la fe y la esperanza inquebrantables,
Y que tu intervención sea mi salvación en momentos de desesperación.
Permíteme ver las oportunidades ocultas en medio de la adversidad,
Y otórgame la sabiduría para tomar decisiones acertadas.
Que tu presencia divina ilumine mi camino,
Y que tu ayuda en casos desesperados sea mi mayor bendición.

Gracias, Santa Muerte, por tu amor y compasión infinitos,
Por escuchar mi petición y acudir en mi auxilio.
Que tu presencia sagrada me envuelva y me proteja,
Y que tu ayuda en casos desesperados sea mi mayor milagro.
Amen..

Oracion para Perdón y Reconciliación: Con esta Oracion pedimos su intercesión para encontrar el perdón y la reconciliación con aquellos con quienes hemos tenido conflictos o desavenencias.

"Oh, Santa Muerte, divina reconciliadora"
Te imploro con humildad y arrepentimiento en mi oración.
Permite que el perdón fluya en mi corazón,
Que la reconciliación sea mi camino hacia la paz interior.

Con tu poderosa influencia, oh Santa Muerte,
Disipa la ira y la amargura que me consumen.
Bendice mis palabras y mis acciones con compasión,
Y que el perdón y la reconciliación sean mi mayor liberación.

Oh, Santa Muerte, guardiana del equilibrio y la paz,
Ayúdame a enfrentar mis errores con humildad y sinceridad.
Que mi arrepentimiento sea genuino y profundo,
Y que el perdón y la reconciliación sean mi guía
en cada segundo.

Permíteme aprender de mis errores y crecer,
Que mi transformación sea evidente en mis acciones.
Que el amor y la comprensión prevalezcan sobre el rencor,
Y que la reconciliación sea mi mayor bendición y honor.
que la reconciliación sea mi mayor logro con tu divina
bendición.
Amen...

Oracion para hacer una Limpia o Despojo: Con esta Oracion pedimos su intercesión al momento de realizar una Limpia o Despojo.

Oh, Santa Muerte, poderosa y purificadora,
En este momento de limpieza o Despojo espiritual,
te invoco con devoción.
Derrama tu luz divina sobre mí y mi entorno,
Limpia y libera mi espíritu de toda negatividad.

Con tu poderosa influencia, oh Santa Muerte,
Elimina las energías oscuras que me rodean.
Limpia mi mente, mi cuerpo y mi alma,
Y renueva mi ser con tu bendición purificadora.

Con cada paso que doy, que tu presencia guíe mi camino,
Que tu poder divino expulse todo mal que me afecta.
Que cada rincón de mi ser sea purificado,
Y que la paz y la armonía llenen mi ser por siempre.

Que tu energía sagrada disuelva las ataduras invisibles,
Que me libere de los lazos que me limitan.
Que mi espíritu se eleve hacia la plenitud y la libertad,
Y que tu luz divina sea mi guía en este proceso de limpieza.

Gracias, Santa Muerte, por tu amor y compasión infinitos,
Por acompañarme en mi búsqueda de purificación.
Que tu presencia sagrada me envuelva y me proteja,
Y que la limpieza espiritual sea mi mayor transformación con tu divina bendición.

Amen...

Oracion para pagar una Promesa o Manda: con esta Oracion nos comprometemos a cumplir un compromiso ante ella por un favor recibido.

"Oh, Santa Muerte, patrona de los favores recibidos"
En este momento de gratitud y devoción, me postro ante ti.
Agradecido por tu ayuda y protección incondicional,
Vengo a pagar mi deuda con humildad y sincera devoción.

Con tu poderosa influencia, oh Santa Muerte,
Te ofrezco mi lealtad y mi agradecimiento sincero.
Que mi acción de gratitud sea digna de tu divina presencia,
Y que tu bendición acompañe cada paso que doy.
Oh, Santa Muerte, guardiana de los favores recibidos,
Recibo tu ayuda con humildad y agradezco tu intervención.
Como muestra de mi gratitud, te ofrezco mi devoción eterna,
Y prometo ser un fiel seguidor y difusor de
tu divina bendición.
Concede, Santa Muerte, tu divina bendición
sobre mi ofrenda,
Que sea aceptada con amor y gratitud por ti.
Que mi acción de pagar el favor recibido
sea un acto sagrado,
Y que fortalezca nuestra conexión y relación para siempre.
Gracias, Santa Muerte, por tu amor y compasión infinitos,
Por tu ayuda incondicional y tu protección constante.

Que tu presencia sagrada me envuelva y me proteja,
Y que mi acto de gratitud sea un testimonio de tu divina
bendición. **Amen**...

Oracion de los 7 Dias: Con esta Oracion pedimos su intercesión durante 7 dias para encontrar solicitar proteccion y Bendiciones.

"Oh, Santa Muerte, protectora y bendita"
Te imploro con humildad y devoción en estos siete días.
Derrama tu protección y bendiciones sobre mí,
Que tu poder divino me envuelva y me guíe.

En el primer día, te pido que me protejas de todo mal,
Que tus manos sagradas me cubran y me resguarden.
Que ningún peligro se acerque a mi camino,
Y que tu luz divina ilumine mi sendero.

En el segundo día, te ruego que me bendigas con fortaleza,
Que tu fuerza infinita me acompañe en cada desafio.
Que pueda superar cualquier obstáculo que se presente,
Y que tu poder me impulse hacia la victoria.

En el tercer día, te suplico que me protejas de la envidia,
Que tu manto sagrado me cubra y me aleje de la maldad ajena.
Que mi camino esté libre de malas intenciones,
Y que tu protección sea mi escudo ante cualquier adversidad.

En el cuarto día, te imploro que me bendigas con salud,
Que tu energía curativa me envuelva y me fortalezca.
Que mi cuerpo esté sano y protegido de enfermedades,
Y que tu bendición me acompañe en cada instante.

En el quinto día, te ruego que me protejas de la negatividad,
Que tu luz divina disipe los pensamientos oscuros.
Que la paz y la armonía reinen en mi mente y mi corazón,
Y que tu presencia sagrada me libere de cualquier carga.

En el sexto día, te suplico que me bendigas con prosperidad,
Que tus manos generosas derramen abundancia en mi vida.
Que todas mis necesidades sean cubiertas,
Y que tu bendición me abra las puertas hacia la abundancia.

En el séptimo día, te imploro que me protejas de todo daño,
Que tu presencia divina sea mi escudo y mi guía.
Que tu amor y tu protección me acompañen siempre,
Y que tu bendición sea mi mayor tesoro en esta vida.

Oh, Santa Muerte, protectora y bendita,
Agradezco tus bendiciones y protección en estos siete días.
Que tu presencia sagrada me envuelva y me guíe,
Y que siempre me bendigas con tu amor y tu protección
divina.

Amen...

NOVENARIO...

El novenario es una práctica devocional que consiste en realizar oraciones durante nueve días consecutivos, generalmente con un propósito específico. En el caso de la Santa Muerte, el novenario se realiza para solicitar bendiciones, protección o ayuda en diversas áreas de la vida.

El novenario es una forma de mostrar devoción y compromiso hacia la Santa Muerte, y se considera una manera de establecer una conexión más profunda con su energía y poder. A través de la repetición de las oraciones durante nueve días, se busca fortalecer la intención y la fe, y abrirse a recibir las bendiciones y la guía de la Santa Muerte.

Cada día del novenario se enfoca en una intención específica, como salud, protección, prosperidad, sabiduría, entre otros aspectos de la vida. Al realizar las oraciones de manera constante y fervorosa, se busca establecer una comunicación íntima con la Santa Muerte y abrirse a su influencia positiva en cada área solicitada.

El novenario es una práctica personal y puede adaptarse a las necesidades y creencias individuales, Al finalizar el novenario, se espera haber fortalecido la conexión con la Santa Muerte y haber recibido sus bendiciones y protección en el área específica solicitada.

Es importante recordar que el novenario es una expresión de fe y devoción personal, y cada persona puede tener su propia interpretación y experiencia al realizarlo.

Día 1: Oh, Santa Muerte, protectora y bendita,
En este primer día de mi novenario, te imploro una bendición especial.

Ruego que derrames tu amor y protección sobre mí,
Que tu luz divina ilumine mi camino y me guíe hacia el bien.

Día 2: Oh, Santa Muerte, poderosa y compasiva,
En este segundo día de mi novenario, te solicito una bendición especial.

Te pido que me brindes fortaleza en tiempos de adversidad,
Que tu poder divino me sostenga y me impulse hacia la superación.

Día 3: Oh, Santa Muerte, guardiana de los desamparados,
En este tercer día de mi novenario, te suplico una bendición especial.

Te ruego que me protejas de todo mal y peligro,
Que tu presencia sagrada sea mi escudo y mi refugio en todo momento.

Día 4: Oh, Santa Muerte, sanadora y consoladora,
En este cuarto día de mi novenario, te imploro una bendición especial.

Te pido que me brindes salud y bienestar en cuerpo y alma,
Que tu energía curativa me envuelva y me restaure en cada instante.

Día 5: Oh, Santa Muerte, sabia y comprensiva,
En este quinto día de mi novenario, te solicito una bendición especial.

Ruego que me otorgues sabiduría y claridad mental,
Que tu luz divina ilumine mis pensamientos y decisiones.

Día 6: Oh, Santa Muerte, generosa y próspera,
En este sexto día de mi novenario, te suplico una bendición especial.
Te pido que me bendigas con abundancia y prosperidad,
Que tus manos generosas derramen bendiciones en todos los aspectos de mi vida.

Día 7: Oh, Santa Muerte, liberadora y protectora,
En este séptimo día de mi novenario, te imploro una bendición especial.
Ruego que me libres de las ataduras que limitan mi crecimiento,
Que tu poder divino me conceda la libertad y la paz interior que tanto anhelo.

Día 8: Oh, Santa Muerte, justa y equitativa,
En este octavo día de mi novenario, te solicito una bendición especial.

Te pido que me brindes justicia y equilibrio en todas mis acciones,
Que tus ojos divinos vean la verdad y me guíen hacia el camino correcto.

Día 9: Oh, Santa Muerte, amada y venerada,
En este último día de mi novenario, te suplico una bendición especial.

Ruego que me bendigas con amor y felicidad en mi vida,
Que tu presencia sagrada me llene de alegría y plenitud cada día.

Oh, Santa Muerte, en cada día de este novenario,
Te imploro una bendición especial para iluminar mi vida.
Gracias por tu amor y protección infinitos,
Que tu divina bendición sea mi guía y mi fortaleza en todo momento.

Amen...

CREDO DEL NUEVO DEVOTO:

Como devoto recién iniciado de la Santa Muerte, Permiteme compartir contigo un Credo de Devoción que puede servir como guía en tu camino espiritual:

Creo en la Santa Muerte, patrona de los desamparados y protectora de las almas perdidas. Confío en su divina presencia y en su poderosa intercesión.

Creo en su amor incondicional y en su compasión infinita hacia todos sus devotos. Reconozco su fuerza como guía y protectora en mi vida diaria.

Creo en la importancia de la fe y la devoción en mi relación con la Santa Muerte. A través de la oración y la reflexión, fortalezco mi conexión con su energía divina.

Creo en la libertad espiritual que la Santa Muerte me ofrece. En su presencia encuentro consuelo y protección, sin importar mi pasado o mis circunstancias.

Creo en la fuerza transformadora de la Santa Muerte. A través de su poder, puedo superar los desafíos y obstáculos que se presentan en mi vida.

Creo en la justicia y la equidad que la Santa Muerte representa. Confío en su sabiduría para discernir entre el bien y el mal, y para guiar mis acciones hacia el camino correcto.

Creo en la gratitud y la generosidad hacia la Santa Muerte. Reconozco sus bendiciones en mi vida y me comprometo a difundir su amor y protección a aquellos que necesitan su ayuda.

Creo en la unidad de todos los devotos de la Santa Muerte. A través de nuestra devoción compartida, nos apoyamos mutuamente y nos fortalecemos en nuestro camino espiritual.

Creo en la importancia de cultivar una relación íntima y personal con la Santa Muerte. A través de la oración, la meditación y el respeto, nutro mi conexión con su energía divina.

Creo en la presencia constante de la Santa Muerte en mi vida. En cada paso que doy, sé que ella está a mi lado, guiándome y protegiéndome con su amor incondicional.

Que este Credo de Devoción te inspire y te acompañe en tu nuevo camino de devoción a
La Santa Muerte.
Que su amor y protección siempre este contigo y te ilumine......

Master Servando.

MIS OTROS TITULOS ...

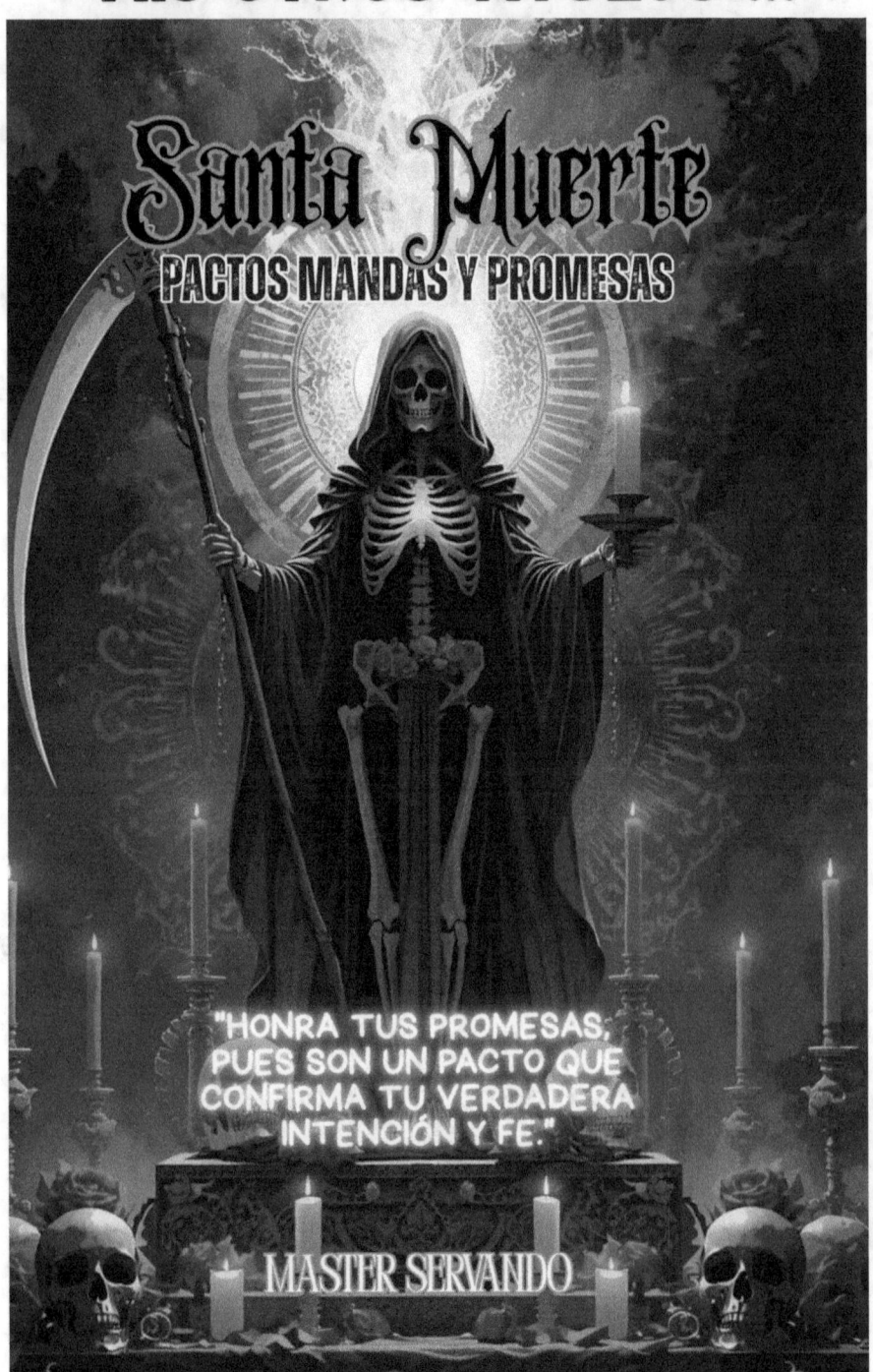

MIS OTROS TITULOS ...

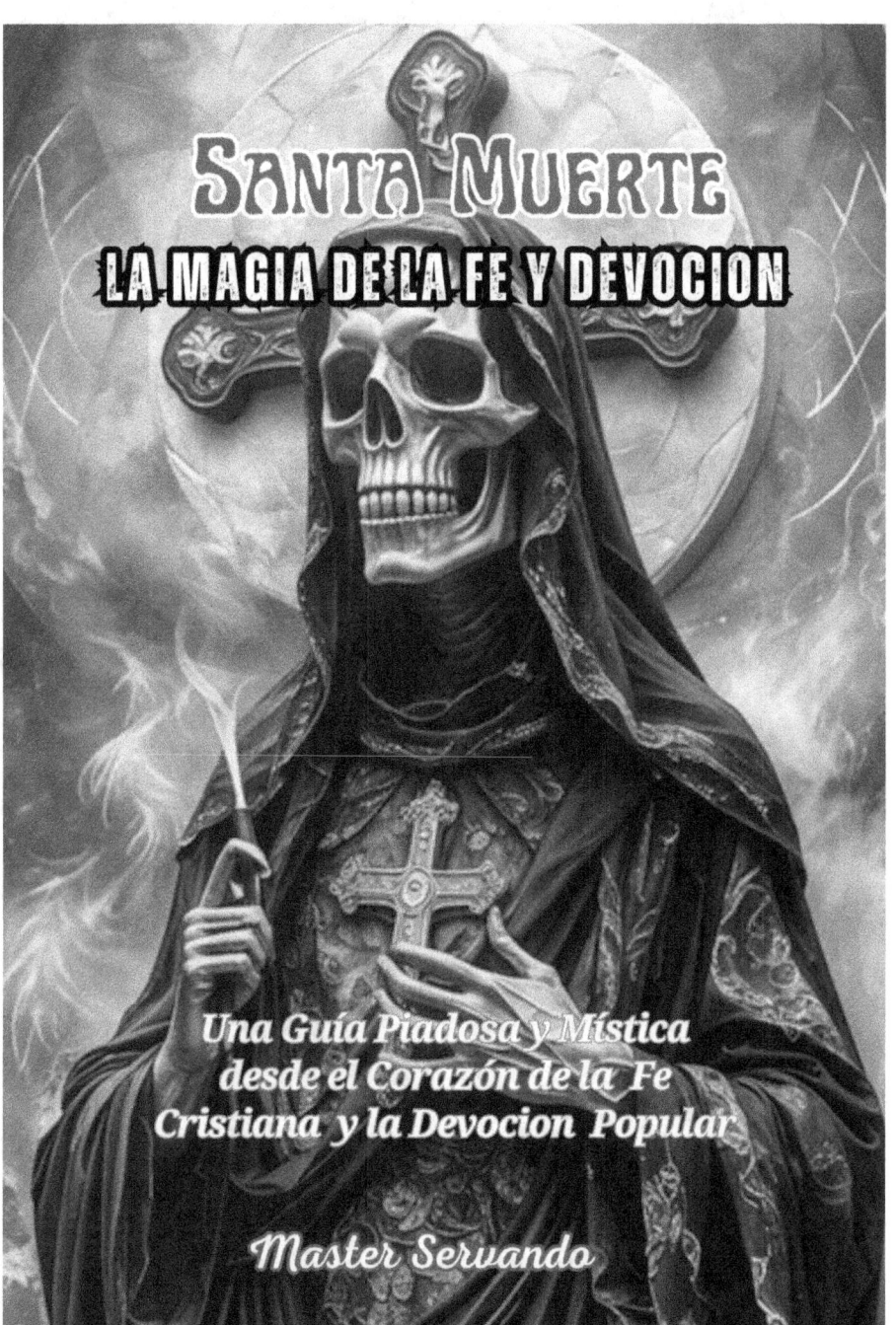

MIS OTROS TITULOS ...

EL ORACULO MISTICO
De La Santa Muerte

HAZME TU PREGUNTA...?

MASTER SERVANDO

MIS OTROS TITULOS ...

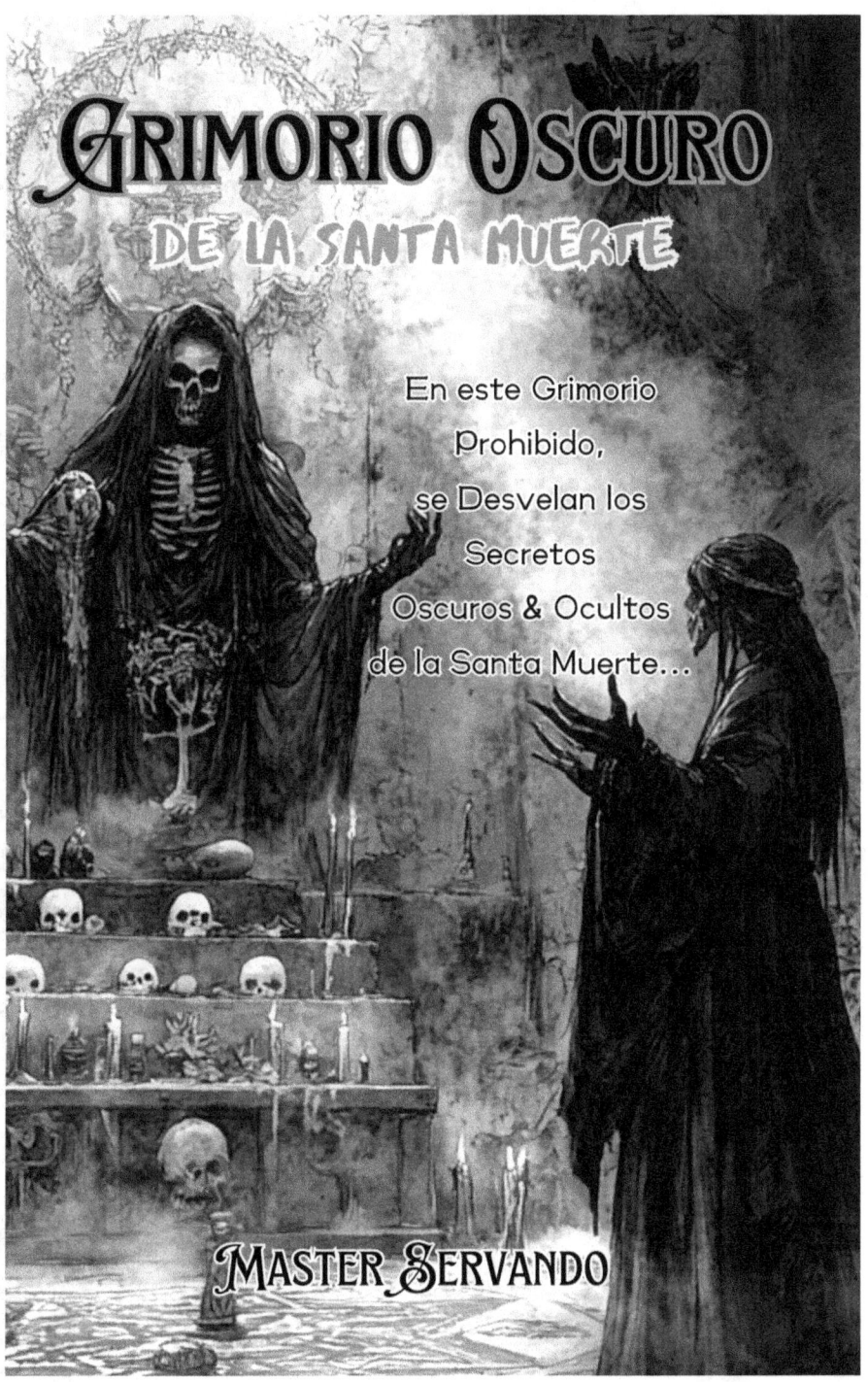

MIS OTROS TITULOS....

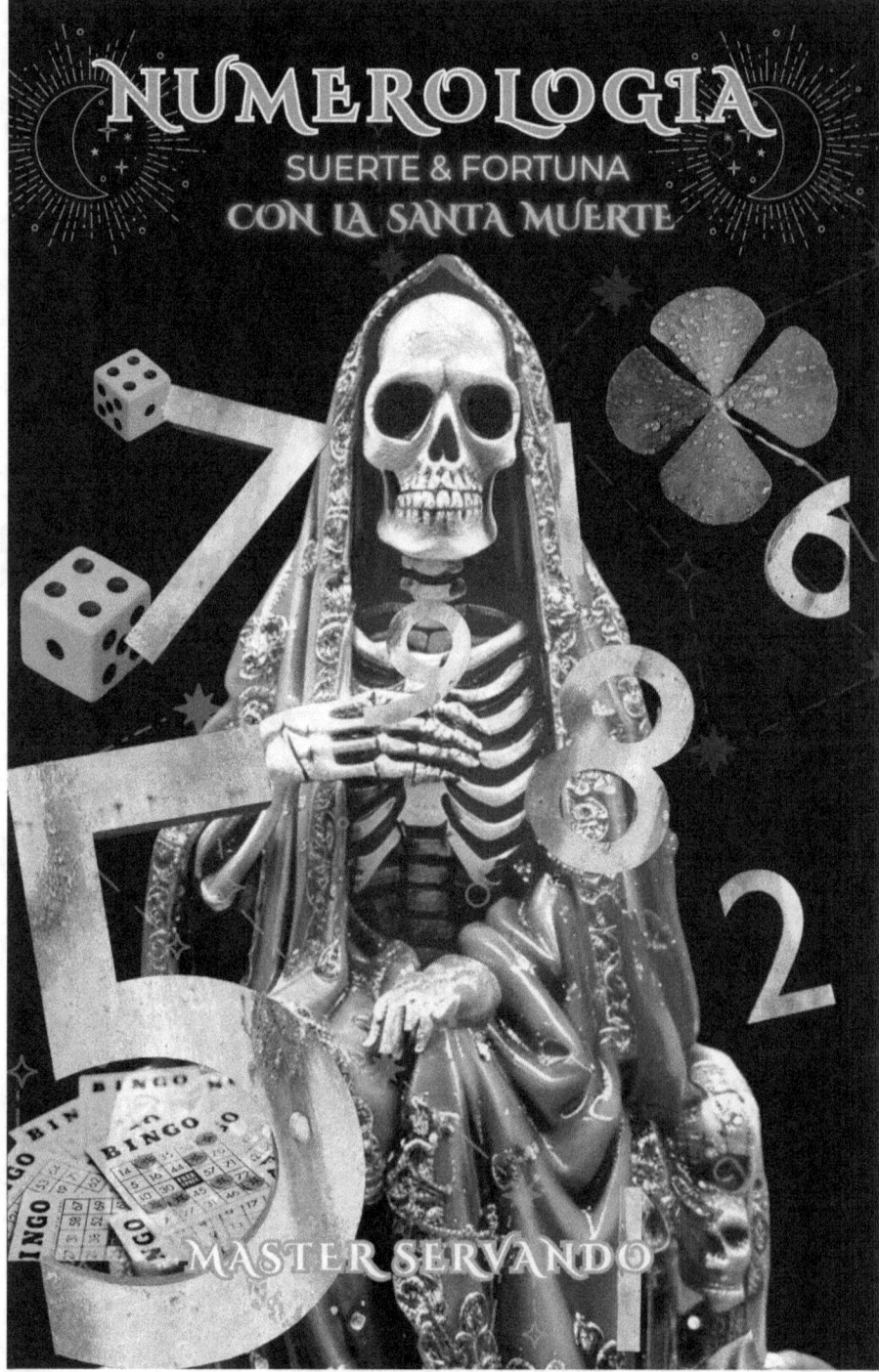

MIS OTROS TITULOS....

RITUALES PODEROSOS
con La Santa Muerte

Proteccion
Amor
Brujeria
Dinero
Salud
Salaciones
Limpias
maleficios
Amarres
Maldiciones
Entierros
y Mas...

MASTER SERVANDO

MIS OTROS TITULOS....

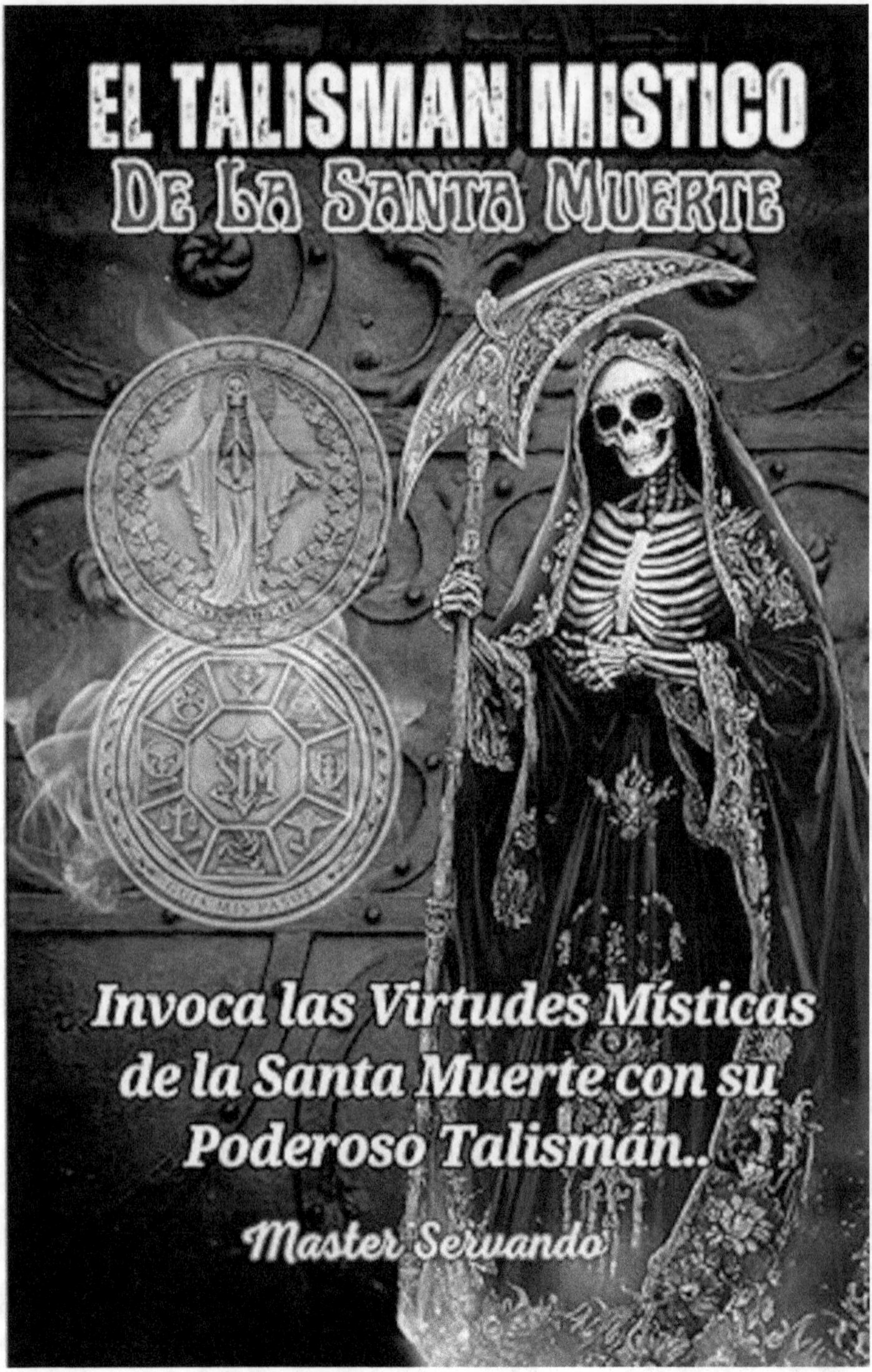

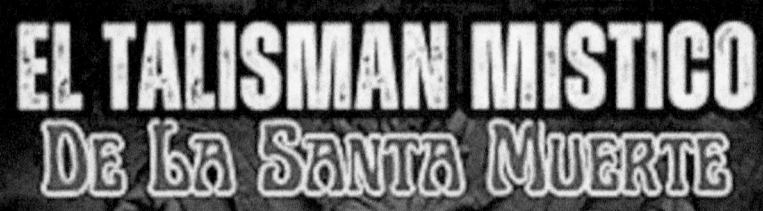

EL TALISMAN MISTICO DE LA SANTA MUERTE

Invoca las Virtudes Místicas de la Santa Muerte con su Poderoso Talismán..

Master Servando

MIS OTROS TITULOS....

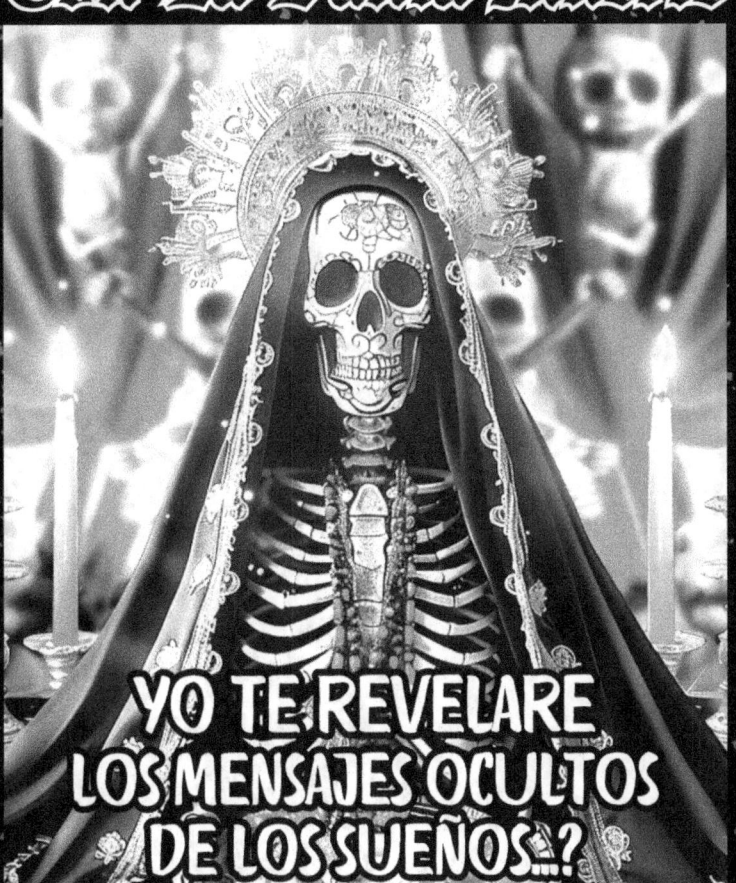

MIS OTROS TITULOS....

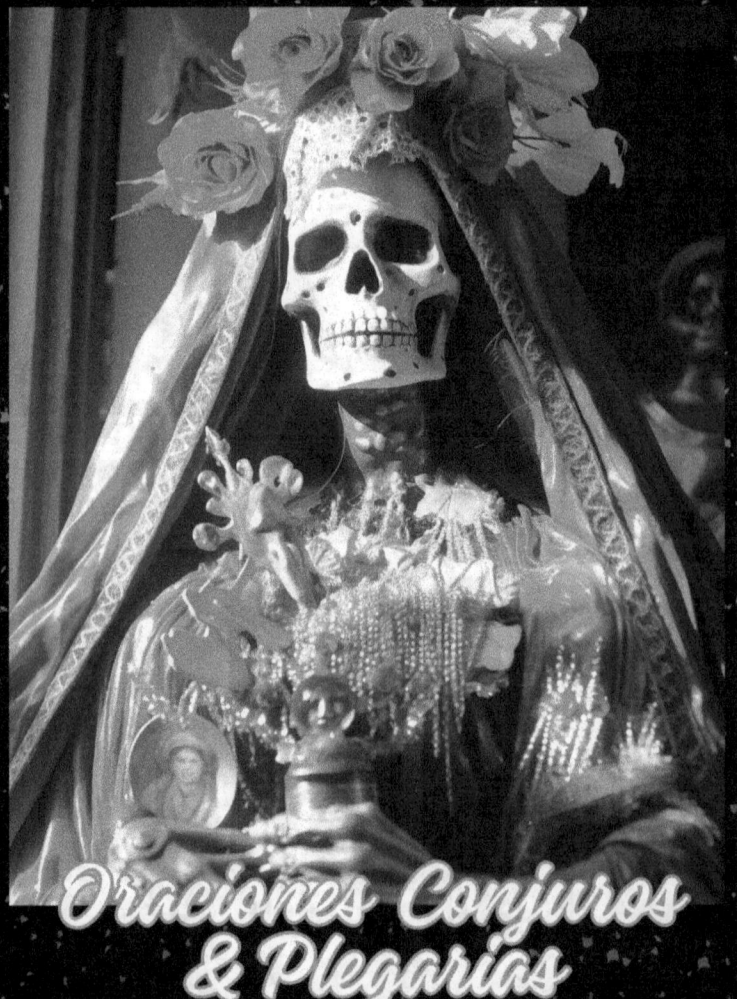

MIS OTROS TITULOS....

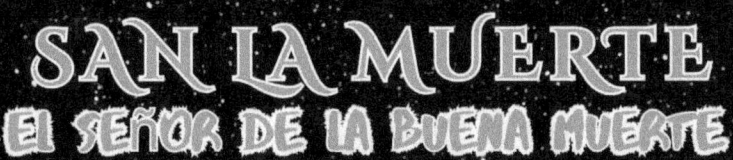

MIS OTROS TITULOS....

La Santa Muerte
DE MI DEVOCION

Un testimonio de Sufrimiento, Dolor y de Redencion, y Fe en La Santa Muerte.

MASTER SERVANDO

MIS OTROS TITULOS....

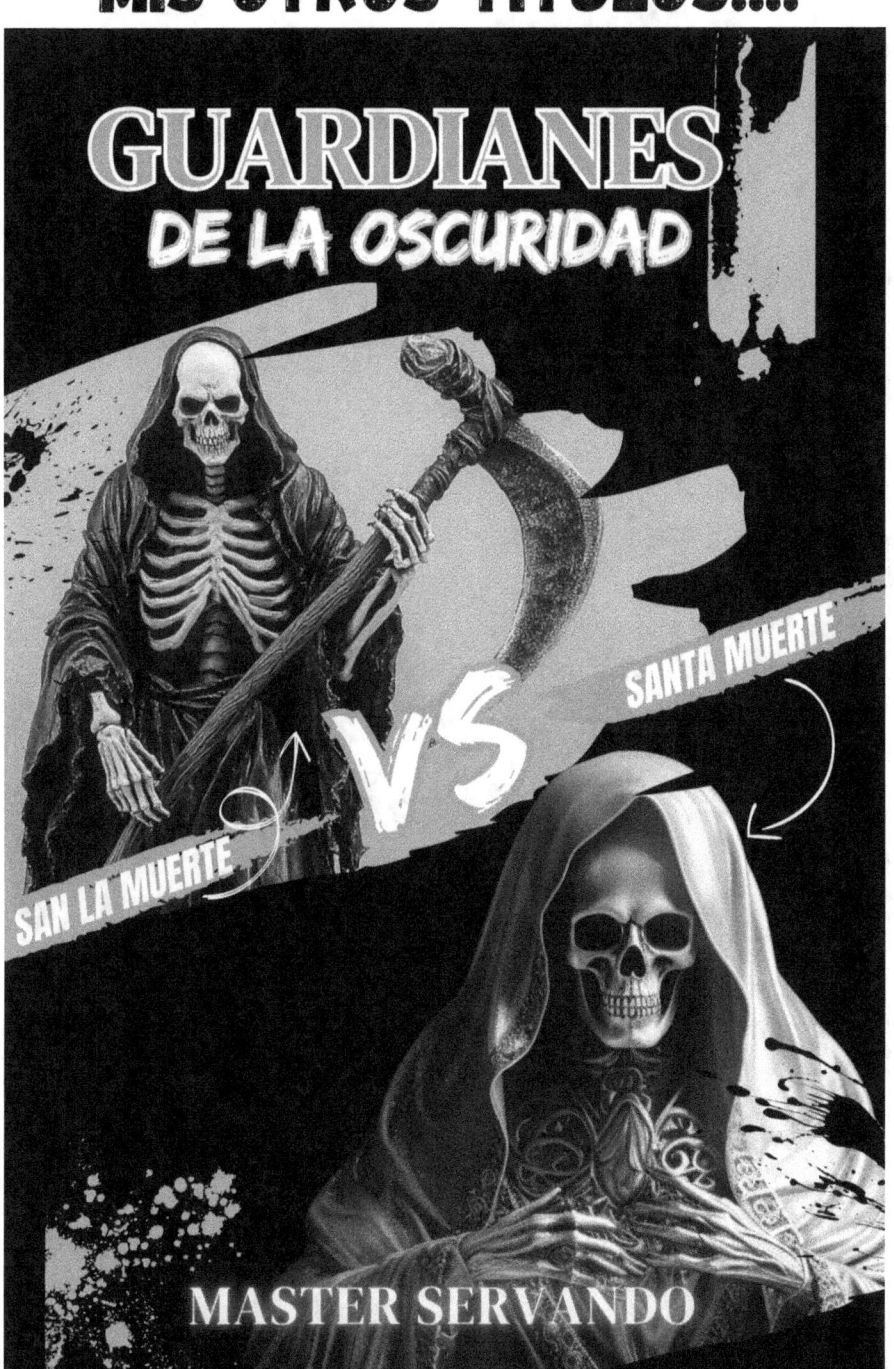

MIS OTROS TITULOS....

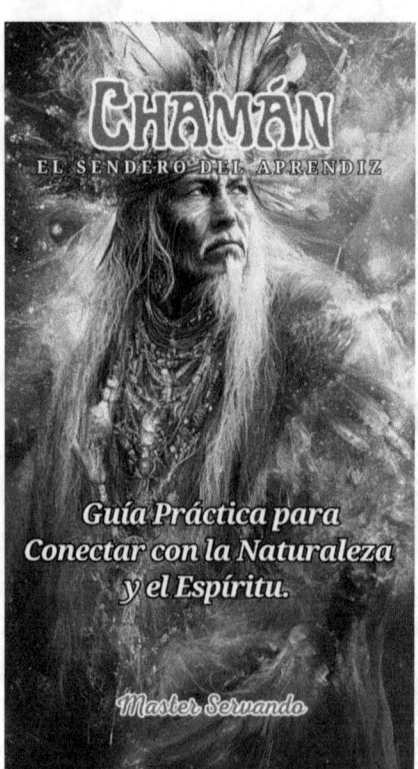
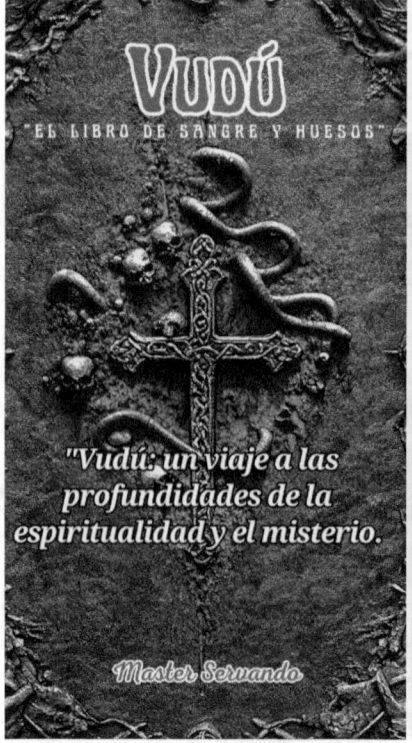
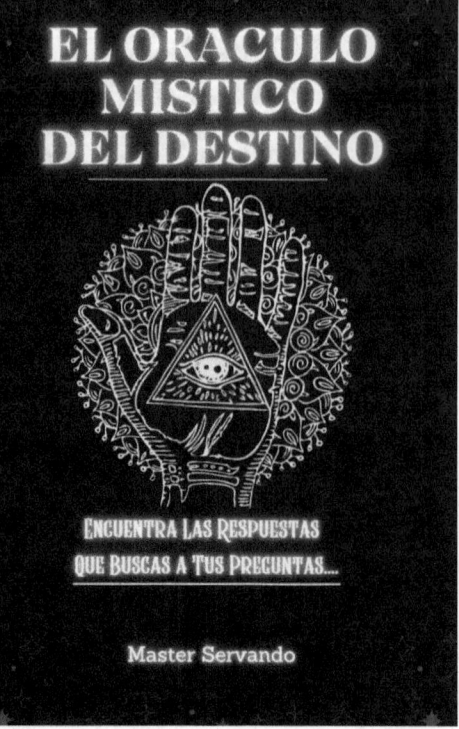

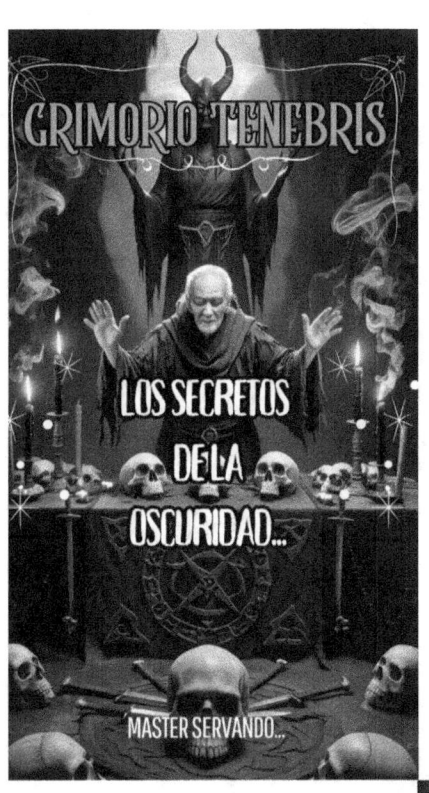

MIS OTROS TITULOS....

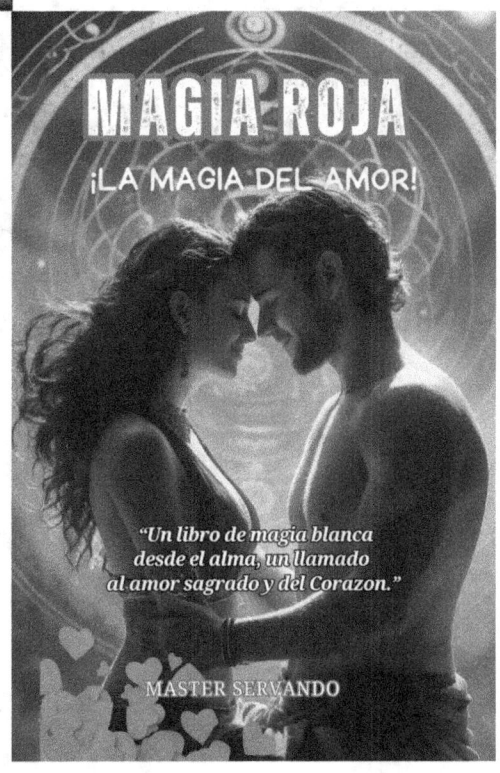

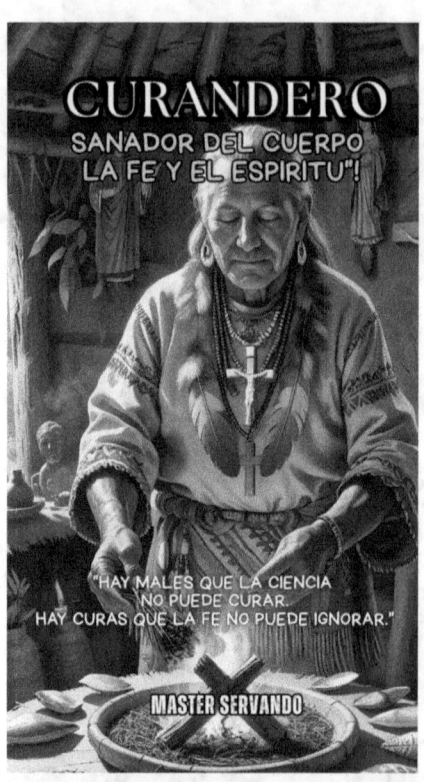

MIS OTROS TITULOS....

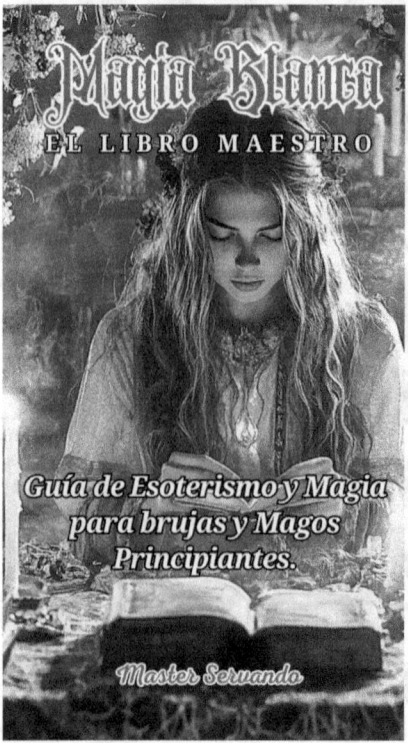

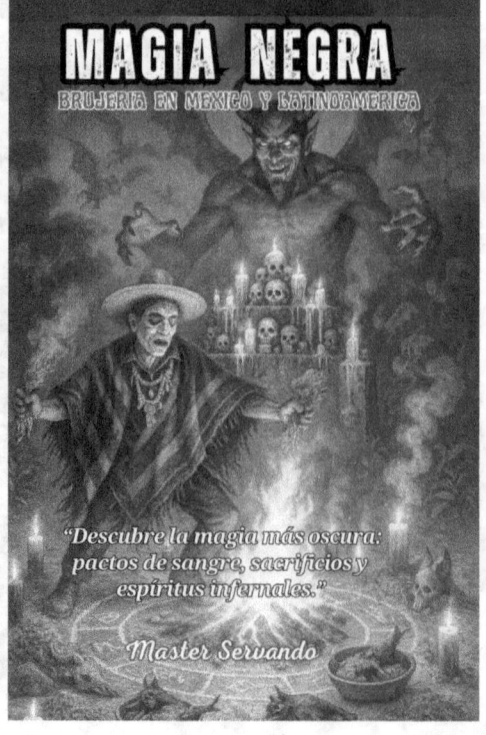

www.ingramcontent.com/pod-product-compliance
Lightning Source LLC
Chambersburg PA
CBHW050057230526
45470CB00004B/1574